Theodor Schübel: Martin Luther

Mit 21 Abbildungen

Knaur

Personen
(In der Reihenfolge ihres Auftretens)

Martin Luther
Drei Musikanten
Ein Student in Erfurt
Vater Luther
Staupitz, Generalvikar des Augustinerordens
Der Prior des Augustinerklosters in Erfurt
Johann Tetzel, Dominikanermönch
Erste Frau, Zweite Frau, Dritte Frau, Vierte Frau – in Wittenberg
Dr. Karlstadt
Ein Student in Wittenberg
Erzbischof Albrecht von Mainz
Domherr in Mainz
Bruder Gabriel
Kardinal Cajetan
Sein Sekretär
Grunenberg, Drucker in Wittenberg
Papst Leo X.
Erster Kardinal
Zweiter Kardinal
Ein Jagdaufseher
Ein Herold
Von der Ecken, Sprecher des Reiches
Kaiser Karl V.
Eine Magd auf der Wartburg
Vier Sängerknaben
Ein Prälat

Der Rektor der Universität Wittenberg
Die Äbtissin eines Klosters in Hessen
Landgraf Philipp von Hessen
Der Sydikus des Landgrafen
Thomas Müntzer
Der Herzog von Braunschweig
Graf Mansfeld d. Ä.
Graf Mansfeld d. J.
Anna, eine junge Dienerin
Ein Bauer
Erster Mitarbeiter
Zweiter Mitarbeiter
Die alte Frau
Die hagere Frau
Die kleine Frau
Ein Mädchen
Zwei Landsknechte
Der Beichtvater des Kaisers
Käthe Luther
Eine Kellnerin

Studenten, Mönche, Nonnen, die deutschen Fürsten, Adelige und Hofleute, Volk aus allen Schichten, Männer, Frauen und Kinder

1 *Wirtshaus in Erfurt*

DREI MUSIKANTEN SPIELEN ZUM TANZ. STUDENTEN, UNTER IHNEN MARTIN LUTHER, TANZEN MIT BÜRGERMÄDCHEN.

DIE MUSIKANTEN *singen:* Ich war als Kind so unschuldsvoll,
virgo dum florebam,
daß überall mein Lob erscholl,
omnibus placebam.
DIE STUDENTEN *singen:* Omnibus placebam!
DIE MUSIKANTEN *singen:* Bis ein Bursch mich tat anflehn,
sed non indecenter,
mit ihm in den Wald zu gehn,
valde fraudulenter.
DIE STUDENTEN *singen:* Valde fraudulenter!
DIE MUSIKANTEN *singen:* Bei den Linden blieb er stehn,
dixit: »sedeamus«,
und dann sprach er, ich sei schön,
»ludum faciamus!«
DIE STUDENTEN *singen:* Ludum faciamus!
Ludum faciamus!

Der Wirt kommt mit Bierkrügen. Die Studenten unterbrechen den Tanz, reißen dem Wirt die Krüge aus der Hand und trinken. Auch die Musikanten trinken. Ein Student steigt auf den Tisch.

DER STUDENT: Es ist gleich Mitternacht, an der Zeit also, daß wir uns beim Gastgeber bedanken, bei unserem Freund Martin ...

Beifall.

... dem Magister der Philosophie, der großen Hoffnung der juristischen Fakultät ...

Gelächter und Beifall.

Du hast uns nicht verraten, lieber Freund, warum du uns heute eingeladen hast; wir wissen auch nicht, womit du dieses Fest bezahlen willst ...

Gelächter.

Jedenfalls ist es ein schönes Fest!

Zustimmung.

Das schönste Fest in diesem Semester!

Zustimmung.

Wir trinken auf dein Wohl!

Die Studenten heben ihre Bierkrüge, prosten Luther zu und trinken.

LUTHER *nachdem er einen kräftigen Schluck getrunken hat:* Danke. *Er stellt seinen Bierkrug beiseite.* Ihr braucht keine Angst zu haben, daß ich den Wirt nicht bezahlen kann. Ich kann's, denn ich habe heute vormittag meine Bücher verkauft. Und warum ich euch eingeladen habe, wollt ihr wissen? Um Abschied zu feiern. Wir werden uns nie mehr sehen. Ich gehe morgen früh ins Kloster. *Nach einer Pause zu den Musikanten:* Spielt weiter! *Da sie zögern, wirft er ihnen Geld zu.* Vorwärts! Macht zu! *Die Musikanten spielen. Luther fordert ein Mädchen zum Tanz auf. Das Mädchen blickt ihn verstört an, doch schließlich tanzt sie mit ihm.*

DIE MUSIKANTEN *singen:* Er küßte mich und sagte mir,
non absque timore:
»Ich mache eine Frau aus dir,
dulcis es cum ore!«

Nun tanzen wieder alle Studenten. Von der Fröhlichkeit, die anfangs herrschte, ist jedoch nichts mehr übrig. Alle wirken bedrückt – bis auf Luther, der übermütig tanzt.

DIE MUSIKANTEN *singen:* Er drang in mich und in mich ein,
bene venabatur!
Doch danach ließ er mich allein.
Ludus compleatur!

Da die Studenten auch diesmal die letzte Zeile nicht wiederholen, tun dies die Musikanten.

Ludus compleatur!
Ludus compleatur!

2 *Erfurt. Vor dem Augustinerkloster*

NACHT. LUTHER KOMMT UND GEHT ZUR KLOSTERPFORTE. SEIN VATER TRITT IHM IN DEN WEG.

DER VATER *nach einer Pause:* Warum, Martin? Warum machst du das?

LUTHER: Ich habe dir einen Brief geschrieben, Vater.

DER VATER: Je öfter ich den lese, desto weniger verstehe ich dich. *Faßt ihn am Arm.* Warum, Martin?

LUTHER: Um Gott zu dienen, Vater.

DER VATER: Das ist – weiß Gott! – auch außerhalb des Klosters möglich. Wer hat dir eingeredet, daß du deswegen Mönch werden mußt? Was für ein gottverdammter Unsinn! Dagegen muß man sich als Christ verwahren. Ich meine, daß ein Bauer, der sät und erntet, Gott nicht schlechter dient als ein Mönch, der betet und singt.

LUTHER: Gewiß, Vater. Jeder dient Gott auf seine Weise.

DER VATER: Hier hast du nichts zu suchen, Martin. Fürs Klosterleben muß man geboren sein. Du taugst nicht dazu. So wenig wie ich dazu taugen würde. Hier ist nicht dein Platz, Martin, so glaub mir schon! Du wirst eingehen wie eine Primel im Keller. Wie ein Fink, der in einen Taubenschlag gesperrt ist. Ich sage es dir voraus, ja, das prophezeie ich dir, auch wenn du mich noch so ungläubig anschaust: du wirst erleben, daß es so kommt.

LUTHER: Du irrst dich, Vater.

DER VATER: So? Glaubst du? Da bin ich aber anderer Meinung, mein Junge. Wer von uns beiden sich irrt, das wird sich noch herausstellen, das wird sich zeigen. Wart ab! Warten wir es ab! Ich bin sicher, daß ich recht behalte. Herrgott, ich verstehe dich nicht!

LUTHER: Unser Leben ist sehr kurz, Vater. Ich möchte es sinnvoll verbringen.

DER VATER: Sinnvoll? So? Während Leute wie ich ihr Leben sinnlos verbringen, wie?

LUTHER: Das wollte ich damit nicht sagen.

DER VATER: Und das vierte Gebot, Martin? Daß du Vater und Mutter ehren sollst?

LUTHER: In der Heiligen Schrift steht: Man soll Gott mehr gehorchen als den Menschen.

DER VATER: Als ich die Neuigkeit las: Ich dachte, mich wirft's um. Deine Mutter heult Rotz zu Wasser. Uns schmeckt kein Essen mehr. Da macht der Mensch Pläne, türmt Hoffnungen auf, leistet sich Träume – nur damit er eines Tages vor einem Scherbenhaufen steht. Ich bin der einzige Bergmann aus Eisleben, der seinen Sohn auf die Universität geschickt hat. Dafür habe ich mich krummlegen müssen, Martin, jahrelang, und deine Mutter hat sich die Groschen einzeln vom Mund abgespart. Herrgott, man möchte mit dem Kopf gegen die Wand rennen! Hörst du mir überhaupt zu?

LUTHER: Ja, Vater.

DER VATER *äfft ihn nach:* Ja, Vater! Ja, Vater! Was bist du für ein eigensinniger Kerl! Soviel Eigensinn hat's in unserer Familie noch nie gegeben. Ich wüßte gerne, von wem du den geerbt hast. Läßt nicht mit sich reden, wie? Aber deine Mutter wünscht es! Und ich wünsche es auch! Daß du dir deinen Entschluß noch einmal überlegst, und zwar gründlich! *Pause.* Man darf im Leben nichts überhasten. Das tut nicht gut, das zahlt sich nicht aus. Ich weiß, wovon ich spreche, Martin, denn ich habe schon manchen vorschnellen Entschluß bereut. Du solltest dir eine Bedenkzeit gönnen, Martin, das wäre nicht falsch.

LUTHER: Ich habe über diesen Schritt lange nachgedacht, Vater, sehr lange sogar.

DER VATER: Ohne mir ein Wort davon zu sagen!

LUTHER: Ich wußte, daß du ihn nicht billigen würdest.

DER VATER: Das hast du von vorneherein gewußt, natürlich, aber du hast dich einen Dreck darum geschert, natürlich. Du weißt, daß ich kein Freund der Pfaffen bin?

LUTHER: Ich weiß es.

DER VATER: Das Augustinerkloster soll das strengste Kloster in Erfurt sein.

LUTHER: Das ist richtig, Vater.

DER VATER: Hast du es deshalb gewählt?

LUTHER: Ja.

DER VATER: Ich habe mich erkundigt, wie die Mönche leben. Man traut seinen Ohren nicht! Ungeheizte Zellen, lachen verboten, Gottesdienst mitten in der Nacht. Und das Gelübde, Martin! Bevor du das schwörst, überleg's dir dreimal! Du legst dir Fesseln an, die noch hundsgemein wehtun werden.

LUTHER: Davor habe ich keine Angst.

DER VATER: Das sagt sich leicht.

LUTHER: Ich meine es ernst, Vater.

DER VATER *zornig:* Herrgott! Während unsereiner strampelt, daß er aus der Armut herauskommt, daß er endlich zu etwas kommt, wählst du freiwillig die Armut! *Er schlägt sich mit der flachen Hand gegen die Stirn.* Und warum willst du Keuschheit geloben? Gelob doch auch, wie ein Vogel zu fliegen! Dafür sind wir Menschen nicht geschaffen, Martin. Bilde dir nicht ein, daß die Natur deinem Willen pariert. Sie wird dich noch piesacken, daß es dir den Atem verschlägt, daß deine Haut glüht und die Eingeweide brennen. Es steht geschrieben: Seid fruchtbar und vermehret euch! Ich fahre noch jede zweite Nacht bei deiner Mutter ein. Keuschheit, Martin, bekommt unsereinem nicht, ich sag's aus Erfahrung. Du bist kein Hühnerbrüstiger mit Luft im Hodensack. Und worüber ich lachen muß: Du willst Gehorsam schwören? Ausgerechnet du? Dir ist es ja schon schwergefallen, den Eltern zu gehorchen! *Er lacht.*

Großer Heiland! *Er lacht.* Du hast dir allerhand vorgenommen, Herr Sohn, weiß Gott! Man muß es anerkennen.

LUTHER: Ich habe mir viel vorgenommen, Vater, ganz gewiß, und ich weiß nur zu gut, wie sehr ich dazu Gottes Hilfe brauche.

DER VATER *nah bei ihm:* Ich bitte dich, Martin, tu's nicht!

LUTHER: Selbst wenn ich wollte, ich kann nicht mehr zurück, ich hab's gelobt.

DER VATER: Und was wird aus deiner Braut?

LUTHER: Sie wird einen anderen heiraten, nehme ich an.

DER VATER: Ist das alles, was du ihr zu sagen hast?

LUTHER: Ich wünsche ihr viel Glück.

DER VATER: Ein hübsches Mädchen! Mit einem reichen Vater! Herrgott, was hat es mich gekostet, was mußte ich reden und schmeicheln, bis ich ihn so weit hatte, daß er dich als Bräutigam auch nur in Erwägung zog!

LUTHER: Es tut mir leid, Vater, daß deine Bemühung umsonst war.

DER VATER: Der Mann fühlt sich gefoppt und schaut mich nicht mehr an, als hätte ich ihm für einen Bullen, den er bestellt hat, einen Ochsen geliefert. Daß, wer den Schaden hat, für den Spott nicht zu sorgen braucht, erlebe ich nun reichlich. Da hat ein Bergmann aus seinem Sohn was Besseres machen wollen, heißt es in Eisleben, und jetzt zeigt sich, wo soviel Ehrgeiz hinführt. *Pause.* Was soll ich deiner Mutter sagen?

LUTHER: Ich bitte, daß sie mich zu verstehen sucht und daß sie für mich betet.

DER VATER: Sie hat gehört, daß der Augustinerorden nicht jeden aufnimmt, der bei ihm eintreten will.

LUTHER: Das stimmt.

DER VATER: Doch einen wie dich wird man aufnehmen, wie?

LUTHER: Ich hoffe es.

DER VATER: Ich und deine Mutter haben oft davon gesprochen,

daß du ein Sohn bist, auf den wir im Alter werden stolz sein können. Der es zu etwas bringen wird, zu Geld und auch zu Ansehen, ja, Martin, du hast das Zeug, um in der Welt etwas zu werden. *Nah bei ihm.* Warum schweigst du? Es ist doch wahr, oder nicht?

LUTHER: Was nützt es uns, Vater, wenn wir die ganze Welt gewinnen – und dabei Schaden nehmen an unserer Seele.

3 *Erfurt. Klosterkirche der Augustinermönche*

DIE MÖNCHE, VORAN DER PRIOR, ZIEHEN IN DIE KIRCHE EIN.

DIE MÖNCHE *singen:* Magne Pater Augustine,
Preces nostras suscipe,
Et per eas Conditori
Nos unire satage,
Atque rege gregem tuum,
Summum decus praesulum.

Die Mönche stellen sich um den Altar auf. Zuletzt kommt Luther, der vor dem Prior niederkniet.

DER PRIOR: Was begehrst du?

LUTHER: Gottes Barmherzigkeit und eure Gemeinschaft.

DER PRIOR: Ehe du das Ordenskleid des heiligen Augustinus anlegst, lieber Sohn, mußt du bedenken, was es für dich bedeutet und welche Forderungen es an dich stellt. Wer den Mönchsstand erwählt, muß Christus in allem folgen und ähnlich werden. Er muß sich von Heimat, Eltern, Bekannten und Freunden, von Reichtum und Ehrenstellen lossagen und in der Abgeschiedenheit des Klosters ein demütiges, verachtetes und unansehnliches Leben führen. Diese Last legst du dir selbst auf. Aber sie wird leicht sein, wenn du dem Rufe Gottes folgst und sie frohen Mutes trägst. Bist du bereit und entschlossen, dies alles zu halten und zu tun?

LUTHER: Ja, hochwürdiger Vater, mit Gottes Hilfe und soweit ich schwacher Mensch es vermag.

DER PRIOR: Wir nehmen dich zur Probe auf. Möge Gott das gute Werk, das er in dir begonnen hat, auch vollenden.

DIF MÖNCHE: Amen.

Luther steht auf. Zwei Mönche bringen die Ordenskleider, die der Prior mit Weihwasser besprengt und mit Weihrauch beräuchert.

DER PRIOR *entkleidet Luther des weltlichen Gewandes:* Der Herr helfe dir, den alten Menschen abzulegen. *Er macht mit dem Habit das Zeichen des Kreuzes über Luther und wirft ihm den Habit über.* Er helfe dir, ein neuer Mensch zu werden. *Er legt Luther den Gürtel an, bekleidet ihm mit der Kapuze.*

DIE MÖNCHE *singen:* Veni, Creator Spiritus,
Mentes tuorum visita,
Imple superna gratia
Quae tu ceasti pectora.

4 *Luthers Klosterzelle*

NACHT. LUTHER WÄLZT SICH AUF SEINEM LAGER.

DER PRIOR *unter der Tür:* Es ist Mitternacht, Bruder Martin.

LUTHER: Ich kann nicht schlafen.

DER PRIOR: Frierst du?

LUTHER: Nein.

Der Prior kommt in die Zelle und setzt sich.

LUTHER: Sie müssen meinetwegen nicht aufbleiben, Vater Winand.

DER PRIOR: Der heilige Paulus sagte: Wenn ein Glied leidet, leiden alle anderen Glieder mit.

LUTHER *nach einer Pause:* Ich will beichten.

DER PRIOR: Du hast doch erst am Abend gebeichtet.

LUTHER: Inzwischen ist viel Zeit vergangen.

DER PRIOR: Weniger als du glaubst. *Pause.* Das Klosterleben soll ein freier und froher Dienst sein, Bruder Martin, und du versiehst ihn eifrig, darüber ist nicht zu klagen, aber es entgeht keinem, wie sehr du dich quälst. Du sonderst dich ab und bist stumm in der Gemeinschaft. Du bist zuviel mit dir beschäftigt, Bruder Martin. Von der Liebe steht jedoch geschrieben, daß sie das Gemeinsame über das Eigene stellt.

LUTHER: Darum bemühe ich mich.

DER PRIOR: Doch vielleicht nicht genug.

LUTHER: Ich wollte den Weg, den ich gewählt habe, mit festen Schritten gehen, Vater Winand, aber ich gehe ihn unsicher und unruhig, kleinmütig und verzagt; mich schüttelt die Angst, daß ich zu schwach bin.

DER PRIOR: Es ist eine Angst, Bruder Martin, die dich, sobald du sie überwunden hast, gestärkt zurückläßt.

LUTHER: Ich war noch nie so mutlos . . . so kraftlos . . .

DER PRIOR: Willst du nicht schlafen? Versuch es!

LUTHER: Als ich vorhin das Vaterunser betete, schoß mir durch den Kopf: Wer ist der, mit dem du redest? Ich nenne ihn vertraulich Vater, doch es ist der große und allmächtige Gott, der über Leben und Tod gebietet, dessen Ratschluß unerforschlich ist, der den Gestirnen ihre Bahn weist, der am Anfang war und am Ende sein wird. Wie kann ich hoffen, daß er mich ansieht? Und wenn er mich ansieht, wie kann ich erwarten, daß ich vor ihm bestehe? Ein Nichts, ein Wurm, eine taube Nuß, ein Wölkchen Staub, ein Häufchen Asche.

DER PRIOR: Er ist dir gnädig, wenn du an ihn glaubst, Bruder Martin.

LUTHER: Ich will glauben, doch genügt der Wille, die Absicht, der Eifer, die Sehnsucht, genügen die? Kann ich je sicher sein, daß ich tatsächlich glaube? Vielleicht glaube ich nur zu glauben?

DER PRIOR: Bruder Martin ...

LUTHER: Mein Glaube ist schwach, klein, dürftig; ein Glaube, der hinkt und lahmt, ein kümmerlicher Krümelglaube, ein Glaube so fest wie Funkenflug. Ich habe mir zuviel vorgenommen. Ich halte keiner Prüfung Gottes stand.

DER PRIOR: Du übertreibst.

LUTHER: Nein, nein, nein.

DER PRIOR: Gott liebt dich, Bruder Martin.

LUTHER: Welchen Grund hat er, mich zu lieben? Was habe ich getan, daß er mich liebt? *Verzweifelt:* Ich bin dem Anspruch, den er stellt, nicht gewachsen. Ich vermag nicht zu leisten, was er verlangt. Wie soll ich seinem Zorn entgehen?

DER PRIOR: Nicht Gott grollt dir – du grollst Gott, Bruder Martin.

LUTHER: Wenn er gerecht ist, Vater Winand, kann ich nicht vor ihm bestehen.

DER PRIOR: Gott ist nicht nur gerecht. Er ist auch barmherzig.

LUTHER: Warum sollte er zu mir barmherzig sein? Womit habe ich seine Barmherzigkeit verdient? Nein, ich muß ihn fürchten, ihn und sein Gesetz, aus tausend Gründen, die aus meiner Schwachheit, Feigheit, Trägheit kommen, bis an das Ende meiner Tage.

DER PRIOR: Du grübelst zuviel.

LUTHER: Wie finde ich einen gnädigen Gott?

DER PRIOR: Wir wollen beten, Bruder Martin.

LUTHER: Ja.

DER PRIOR: Auf deiner Stirn steht Schweiß. Wisch ihn ab!

LUTHER *nachdem er den Schweiß abgewischt hat:* Ich danke Ihnen für die Geduld, die Sie mit mir haben, Vater Winand.

DER PRIOR: Wenn du betest, soll auch in deinem Herzen leben, was dein Mund ausspricht.

LUTHER: Ja.

DER PRIOR *betet:* Allmächtiger Gott, du hast mit deinem Wort mein Herz getroffen. Himmel und Erde und alles, was lebt, sagt mir, daß ich dich lieben soll, und hört nicht auf, es allen zu sagen. Auf dich, Herr, sind meine Augen gerichtet, auf dich hoffe ich, du wirst meine Seele nicht zuschanden machen. Amen.

LUTHER: Amen.

DER PRIOR: Nun sieh zu, daß du schläfst! *Geht.*

5 *Erfurt. Klosterkirche der Augustinermönche*

DIE FEIERLICHE PROFESS. GENERALVIKAR STAUPITZ, DER PRIOR UND DIE MÖNCHE STEHEN UM DEN ALTAR. LUTHER KNIET VOR STAUPITZ.

STAUPITZ: Ehe du dein Gelübde ablegst, lieber Sohn, bedenke, was und wie groß das ist, was du Gott versprichst. Was den Gehorsam betrifft, mußt du wissen: Du kannst ohne Einwilligung deiner Oberen nicht mehr tun, was dir gefällt, mag es auch noch so gut scheinen. Was die Armut angeht, kannst du kein Eigentum haben, worüber du nach Belieben verfügen kannst. Und Keuschheit bedeutet, daß du nicht nur die Reinheit des Leibes, sondern auch die des Herzens wahren mußt. Willst du das geloben und dich für immer Gott und unserem Orden weihen?

LUTHER: Ja, hochwürdiger Vater, ich will es.

STAUPITZ: Legst du dieses Gelübde frei und ungezwungen ab?

LUTHER: Frei und ungezwungen.

Staupitz setzt sich. Luther leistet, seine rechte Hand auf die aufgeschlagene Regel des Ordens, sein Gelübde.

LUTHER *liest ab:* Ich, Bruder Martin, Sohn des Hans Luther aus Eisleben, gelobe Gehorsam Gott dem Allmächtigen, der seligen Jungfrau Maria und Ihnen, hochwürdiger Vater Staupitz, Generalvikar des Augustinerordens, und allen Ihren rechtmäßigen Nachfolgern; ferner zu leben ohne Eigentum und in Keuschheit nach den Regeln unseres heiligen Vaters Augustinus bis zum Tode. Amen.

STAUPITZ: Ich nehme dein Gelübde an, Bruder Martin, und füge dich ein in die Gemeinschaft unseres Ordens.

Luther legt sich vor dem Altar in Kreuzesform auf den Boden. Staupitz besprengt ihn mit Weihwasser.

STAUPITZ *betet:* Allmächtiger, ewiger Gott, du kennst die Schwäche und Gebrechlichkeit der Menschen. Schau gnädig auf deinen Diener Martin und stärke ihn, damit er die Gelübde in einem frommen und gottgeweihten Leben treu hält und dadurch das ewige Leben verdient.

Luther kniet nun, eine brennende Kerze in der Hand, vor dem Altar nieder.

DIE MÖNCHE *singen:* Te Deum laudamus;
te Dominum confitemur.
Te aeternum patrem
omnis terra veneratur.
Tibi omnes angeli,
tibi Caeli et universae potestates.
Tibi Cherubim et Seraphim
incessabili voce proclamant:
Sanctus.
Sanctus.
Sanctus Dominus, Deus Sabaoth.

STAUPITZ *betet:* Herr Jesus Christus, nimm deinen Diener Martin in deine Obhut. Lasse ihn einzig und allein auf deine Stimme hören, die da spricht: Wer mir dienen will, folge mir nach. *Luther steht auf.*

DIE MÖNCHE *singen:* Magne Pater Augustine,
Preces nostras suscipe,
Et per eas Conditori

Nos unire satage,
Atque rege gregem tuum,
Summum decus praesulum.
Während des Gesangs erhält Luther von Staupitz, dem Prior und allen Mitbrüdern den Friedenskuß.

STAUPITZ: Der Name des Herrn sei gebenedeit!

ALLE: Von nun an bis in Ewigkeit.

6 *Kloster in Erfurt*

LUTHER KNIET AM BODEN UND SCHRUBBT DIE STEINFLIESEN. STAUPITZ KOMMT.

LUTHER: Guten Morgen, Vater Staupitz!

STAUPITZ: Guten Morgen! *Bleibt stehen.* Wie geht es dir, Bruder Martin?

LUTHER: Gut. *Er arbeitet weiter.* Manchmal kommt es mir so vor, als hätte ich mein ganzes Leben im Kloster zugebracht. *Er macht Platz, damit Staupitz vorbeigehen kann.*

STAUPITZ: Ich muß mit dir sprechen, Bruder Martin.

LUTHER *erstaunt:* Worüber, Vater Staupitz?

STAUPITZ: Über dich. – Unterbrich die Arbeit und höre mir zu!
Luther unterbricht die Arbeit, bleibt jedoch auf den Knien.

STAUPITZ: Du mußt dich für eine neue Aufgabe vorbereiten, Bruder Martin. Du wirst dein Kloster verlassen, Erfurt verlassen, zu mir nach Wittenberg kommen, an die Universität, als Dozent der Theologie, ich brauche dich. Ich will dir meinen Lehrstuhl übergeben. Man kann nicht gleichzeitig Generalvikar des Augustinerordens und Universitätsprofessor sein, das ist zuviel. Ich bin so oft auf Reisen, daß ich den Pflichten des Lehramts auf die Dauer nicht genügen kann. Deshalb brauche ich dich in Wittenberg.

LUTHER *spontan:* Nein!

STAUPITZ *sehr befremdet:* Nein?

LUTHER: Was Sie von mir fordern, Vater Staupitz, ist unmöglich.

STAUPITZ: Unmöglich? Wieso unmöglich?

LUTHER: Dieser Aufgabe bin ich nicht gewachsen.

STAUPITZ: Das weiß ich besser.

LUTHER: Was Sie mir abverlangen, das kann ich nicht.

STAUPITZ: Dann wirst du es lernen.

LUTHER: Ich bin unfähig, Vater Staupitz.

STAUPITZ: Das wird sich herausstellen.

LUTHER: Und unwürdig.

STAUPITZ: Darüber habe ich zu entscheiden.

LUTHER: Es gibt in unserem Orden etliche Brüder ...

STAUPITZ *leicht ungeduldig:* Keiner hat sich mit der Bibel soviel beschäftigt wie du. Keiner kennt sie besser und ist tiefer in sie eingedrungen. Deine Predigt an Ostern hat's mir bewiesen. Ich habe dich beobachtet und geprüft, Bruder Martin, und glaube fest, daß meine Entscheidung richtig ist.

LUTHER: Ich bitte Sie herzlich: Verzichten Sie auf diesen Plan!

STAUPITZ: Dafür gibt es keinen vernünftigen Grund.

LUTHER: O doch!

STAUPITZ: Welchen?

LUTHER: Meine Gesundheit ...

STAUPITZ: Deine Gesundheit? Willst du mich zum Lachen bringen? Ich wäre froh, wenn ich ein Viertel davon hätte.

LUTHER: Verehrter Vater Staupitz ...

STAUPITZ: In Wittenberg wird es deine Aufgabe sein, junge Menschen nicht nur für diese Welt zu erziehen, sondern sie durch Wort und Beispiel zu Gott zu führen. Verwende deine ganze Aufmerksamkeit und dein ganzes Geschick auf diese Arbeit, Bruder Martin. Gott wird mit dir sein mit all seiner Weisheit, Macht und Güte.

LUTHER *leise:* Warum darf ich nicht in Erfurt bleiben, Vater Staupitz?

STAUPITZ: Alles zu seiner Zeit.

LUTHER: Aber ich lebe so gern hier! Der Gedanke, hier mein Leben zu verbringen, macht mich jeden Tag froh, und jeden Tag wächst meine Dankbarkeit.

STAUPITZ: Es ist deine Pflicht, Bruder Martin, das Interesse der Gemeinschaft den eigenen Interessen vorzuziehen. Ich kann dir nicht erlauben, deine Beschaulichkeit über die Bedürfnisse der Kirche zu stellen. Danke Gott, solange du für Gott und deinen Orden arbeiten kannst.

LUTHER: Wann muß ich abreisen?

STAUPITZ: Morgen früh. *Geht.*

Luther schrubbt die Fliesen.

7 *Kirche in Zerbst*

DIE ABLASSPREDIGER ZIEHEN MIT GLOCKENGELÄUTE IN DIE KIRCHE EIN. ZUERST KOMMEN IN ZWEIERREIHEN DOMINIKANERMÖNCHE, DIE BRENNENDE KERZEN TRAGEN, IHNEN FOLGT EIN MÖNCH, DER DAS PÄPSTLICHE WAPPEN, UND EIN ZWEITER, DER EIN ROT GESTRICHENES KREUZ TRÄGT; DAHINTER EIN MIT ABLASSZETTELN BEHÄNGTER WAGEN, DEN ZWEI MÖNCHE ZIEHEN. DANACH KOMMT, VOM BÜRGERMEISTER UND SEINEN STADTRÄTEN BEGLEITET, DER DOMINIKANERMÖNCH TETZEL. HINTER IHM DRÄNGT DAS VOLK IN DIE KIRCHE.

DIE MÖNCHE *singen:* Agnus Dei, qui tollis peccata mundi,
parce nobis, Domine.
Agnus Dei, qui tollis peccata mundi,
exaudi nos, Domine.
Agnus Dei, qui tollis peccata mundi,
miserere nobis.

Der Zug hält an. Die Mönche richten das Kreuz auf und stellen

den Wagen davor. Großes Gedränge. Tetzel steigt auf den Wagen und hängt das päpstliche Wappen ans Kreuz, dann gebietet er Ruhe.

TETZEL: Wir haben hier ein Kreuz aufgerichtet, damit ihr euch drum herum versammelt, damit ihr aufblickt zu ihm und mir zuhört, denn was ich euch zu sagen habe, ist zu eurem Nutzen und Vorteil wie sonst nichts.

Ich glaube nicht, daß hier in Zerbst wer ist, der mich nicht kennt, doch kann's immerhin sein, daß zufällig ein Durchreisender unter euch ist, der aus Schlesien oder Bayern kommt und nicht weiß, daß ich der Dominikaner Tetzel bin, nun gut, dieser Mann weiß jetzt Bescheid.

Große Pause. Er betrachtet mit bekümmerter Miene seine vielen Zuhörer.

Ihr treibt in dem wütenden Meer dieser Welt ohne Halt, es

wirft euch hoch wie Schaum, es zieht euch hinunter zum Grund, es vergeht kein Tag, an dem nicht Unwetter und Gefahren auf euch lauern, keiner weiß, ob er den Hafen des Heils erreichen wird. Keiner kann es wissen! Es ist so unsicher wie sonst was. *Er hält seinen kleinen Finger hoch.* Es gibt nicht soviel Gewißheit! Und wenn einer sagt: Es gibt die Hoffnung! – dann sag ich darauf: Die wiegt nicht mehr als eine Seifenblase, denn Hoffnung ist nicht genug.

Es muß mehr geschehen! Du und du und du – wir alle müssen mehr tun! Wir haben keine andere Wahl. Es ist unbedingt notwendig. Also macht euch auf und wischt euch den Schlaf aus den Augen und krempelt die Ärmel hoch! Laßt uns miteinander um das Heil unserer Seele kämpfen. Ihr kennt Davids Bußgebet: Wasche meine Schuld von mir ab, betete er, und reinige mich von meinen Sünden! Unter uns ist keiner, der nicht die gleiche Bitte vorzubringen hat. Wir alle tragen Schuld mit uns herum und sind beschmutzt mit Sünde. Wir alle haben schwer an dieser Last zu tragen, am allerschwersten drückt sie uns, wenn wir an das Heil unserer Seele denken.

Und nun hört zu! *Beugt sich zu seinen Zuhörern.* Hört zu, was die Kirche durch mich euch zu sagen hat! Ich habe Vollmacht, euch loszusprechen von euren Sünden, auch von allen Ausschweifungen und Verbrechen, im Namen unseres Herrn Jesus Christus, im Namen der Apostel Petrus und Paulus und des heiligen apostolischen Stuhls.

Hier! Seht! Das ist ein Ablaßbrief! Es gibt keine Sünde, die so groß ist, daß sie nicht erlassen werden könnte. Da glotzt mich einer ungläubig an. Was flüsterst du? Sei still und hör mir zu! Du kannst auch Ablaß für Verstorbene erwerben. Ist der Vater tot, ist die Mutter tot, denk daran, wie sie dich geliebt und umsorgt haben! Nun kannst du nur noch eine Sache für sie tun: Sorge mit einem Ablaßbrief für ihr Seelenheil! Was es kostet, erfahrt ihr von meinen Gehilfen.

Die Preise sind nicht gleich, denn das wäre ungerecht und unchristlich, die Frau Baronin zahlt mehr als ihre Stallmagd, versteht sich, Kaufleute zahlen mehr als Fuhrknechte, versteht sich, und für die Armen ist der Ablaß fast umsonst.

Hier! Seht! Das ist der Schlüssel zum ewigen Leben. Selbst wenn Petrus hier stünde, er könnte nicht mehr Gnade spenden. Also zugegriffen! Heraus mit dem Geld! Kauft Ablaß! So preiswert wie heute kommt ihr nicht mehr dazu. Wer zögert da noch? Was gibt es zu überlegen, Frau? Warum stehst du unschlüssig herum? Kauf Ablaß, damit, wenn du diese Welt verlassen mußt, die Pforten der Hölle geschlossen sind, damit die Tore zu den Herrlichkeiten des Paradieses offen stehen. Im Namen des Vaters, des Sohnes und des Heiligen Geistes. Amen.

Nicht so drängen! Wir haben genug davon!

8 *Kirche in Wittenberg*

MEHRERE FRAUEN WARTEN VOR EINEM BEICHTSTUHL. PLÖTZLICH IST AUS DEM BEICHTSTUHL LUTHERS STIMME ZU HÖREN.

LUTHER *laut und zornig im Beichtstuhl:* Wie? Was? Was sagst du da?

Luther schlägt den Vorhang zurück und verläßt den Beichtstuhl. Die Frau, die eben beichtete, sieht ihn ängstlich an.

LUTHER *erregt:* Alle, sagst du, haben es gehört? So? Dann wollen wir einmal fragen. *Zu den wartenden Frauen:* Wer von euch hat den Tetzel predigen gehört?

DIE ERSTE FRAU: Ich, Pater Martin.

DIE ZWEITE FRAU: Ich auch.

DIE DRITTE FRAU: Wir alle.

LUTHER: Und was hat er gepredigt? Daß nicht nur die Strafen für Sünden mit Geld getilgt werden können, sondern daß auch die Vergebung für Geld zu haben ist?

DIE ERSTE FRAU *nickt:* Ja.

LUTHER: Ihr habt ihn falsch verstanden. Oder ihr habt euch verhört.

DIE ERSTE FRAU: Aber nein.

DIE ZWEITE FRAU: Das hat er gesagt. Freilich. Eben das.

LUTHER: Es ist unmöglich! *Die Frauen schweigen.* Jeder weiß, daß es ohne Buße und Reue keine Vergebung der Sünden gibt.

DIE ERSTE FRAU: Wer zahlt, hat keine Reue nötig, sagt der Pater Tetzel.

LUTHER *empört:* Also das hast du geträumt.

DIE ERSTE FRAU: Aber nein!

LUTHER: Dann hättest du deine Ohren auswaschen sollen!

DIE ZWEITE FRAU: Ich hab's auch gehört.

DIE DRITTE FRAU: Ich auch.

DIE FRAU AM BEICHTSTUHL: Ich habe die Wahrheit gesagt, Pater Martin. Nun sehen Sie es!

DIE ERSTE FRAU: Er verkauft sogar Vergebung im voraus.

LUTHER *verblüfft:* Was? Vergebung für Sünden, die man erst tun will?

DIE ERSTE FRAU: Ja. *Zeigt ihm einen Ablaßzettel.*

Luther, der erregt ist und sich nur mühsam beherrscht, nimmt den Zettel und liest ihn.

DIE ZWEITE FRAU: Ich habe auch einen! *Sie reicht Luther ihren Ablaßzettel.*

LUTHER *knurrt:* Die Aussicht, ohne Buße und Reue sündigen zu können, macht euch munter, wie? *Kopfschüttelnd:* Dafür Geld auszugeben! Ihr seid nicht gescheit! *Er zerreißt die Ablaßzettel.*

9 *Wittenberg. Ein Zimmer in der Universität*

LUTHER UND KARLSTADT.

KARLSTADT: Sie haben leider recht. Die Ablaßprediger haben von der bischöflichen Kanzlei in Mainz Anweisungen erhalten, die zum Mißbrauch einladen.

LUTHER: Die würde ich gern schwarz auf weiß sehen.

KARLSTADT *gibt Luther ein Schriftstück:* Ich habe Ihnen ein Exemplar besorgt.

LUTHER *liest die Anweisungen.*

KARLSTADT: Wir können diese Anweisungen nicht widerspruchslos hinnehmen. Es fragt sich nur, wie man am besten darauf antwortet. Wollen wir eine Entgegnung verfassen?

LUTHER: Das genügt nicht. *Gibt das Schriftstück zurück.* Wir müssen etwas tun, Herr Kollege.

KARLSTADT: Etwas tun? Was meinen Sie damit?

LUTHER: Ich werde dem Bischof einen Brief schreiben. *Karlstadt sieht ihn erstaunt und befremdet an.* Ja. Ich berichte ihm, daß Tetzel in seinem Namen Dinge predigt, die nicht zu rechtfertigen sind.

KARLSTADT: Hm.

LUTHER: Bin ich nicht verpflichtet, so zu handeln? Wir haben als Professoren einen Eid auf die Kirche geleistet, Herr Kollege.

KARLSTADT: Es könnte so aussehen, als ob Sie den Bischof kritisieren wollen.

LUTHER: Aber nein! Ich mache doch nur den Hirten darauf aufmerksam, was in seiner Herde vorgeht.

KARLSTADT: Trotzdem. Was Sie da vorhaben, ist sehr ungewöhnlich, Doktor Luther.

LUTHER: Kein Grund, es zu unterlassen. Die Vorgesetzten sollen sich immer bewußt bleiben, daß sie vor Gott einst Rechenschaft ablegen müssen, sagt der heilige Augustinus. Je höher ihre Stellung ist, desto größer ist auch die Gefahr, in der sie leben. Deshalb sollen wir ihnen die Verantwortung zu erleichtern suchen. Eben das, Herr Kollege, will ich tun.

KARLSTADT: Man wird sagen, daß Sie sich zu wichtig nehmen.

LUTHER: Ich nehme nur die Heilige Schrift wichtig, nichts sonst.

10 *Vor der Schloßkirche in Wittenberg*

GEGEN MITTAG. IN DER KIRCHE IST GOTTESDIENST.

DER PRIESTER IN DER KIRCHE: Domine, exaudi orationem meam.

DIE GEMEINDE IN DER KIRCHE: Et clamor meus ad te veniat.

DER PRIESTER IN DER KIRCHE: Dominus vobiscum.

DIE GEMEINDE IN DER KIRCHE: Et cum spiritu tuo.

DER PRIESTER IN DER KIRCHE: Oremus.

Aus der Kirche ist das Gemurmel der Betenden zu hören.

DIE GEMEINDE IN DER KIRCHE: Amen.

Der Gottesdienst ist beendet. Als erster kommt Luther aus der Kirche. Er holt aus seiner Kutte einen zusammengerollten Zettel, dann einen Hammer und Nägel und nagelt den Zettel an die Kirchentür. Einige Wittenberger Bürger, die mit ihren Frauen aus der Kirche kommen, bleiben stehen und sehen ihm zu. Luther geht rasch weg. Aus der Kirche kommen immer mehr Leute, die an der Tür stehenbleiben und den angeschlagenen Zettel lesen.

EINE FRAU: Warum hat er das angeschlagen?

EINE ANDERE FRAU: Was steht da?

EIN STUDENT *liest vor:* Es irren alle Prediger, die sagen, daß durch den Ablaß der Mensch von allen Strafen befreit und selig werde. Dieses Unkraut ist gesät worden, während die Bischöfe geschlafen haben.

11 *Am Hof des Erzbischofs Albrecht von Mainz*

DER ERZBISCHOF SPEIST MIT STAUPITZ, TETZEL UND ZWEI DOMHERREN. EIN LAUTENSPIELER MUSIZIERT.

DER ERZBISCHOF: Die Kirche öffentlich zu kritisieren! Wie kann ein Mönch das wagen? Es ist eine Anmaßung. Das gehört sich nicht. Das habe ich von einem Augustiner nicht erwartet, Bruder Staupitz.

STAUPITZ: Warum haben Sie seinen Brief nicht beantwortet?

DER ERZBISCHOF: Ich habe ihn nach Rom geschickt. *Verärgert:* War ich denn verpflichtet, ihm zu antworten? Was bildet dieser Mönch sich ein? *Zornig:* Als hätte der Erzbischof von Mainz, Kurfürst des Reiches und Erzkanzler für Deutschland nichts Wichtigeres zu tun, als Mönchen Briefe zu schreiben! *Trinkt Wein.* Seit wann gehört er Ihrem Orden an?

STAUPITZ: Seit zwölf Jahren.

DER ERZBISCHOF: Macht er öfter Scherereien?

STAUPITZ: Er ist ein vorbildlicher Mönch, der seine klösterlichen Pflichten streng nimmt. Er hat sich noch nie den geringsten Ungehorsam zuschulden kommen lassen.

DER ERZBISCHOF: Warum mischt er sich jetzt in die Politik?

STAUPITZ: Bruder Martin versteht nichts von Politik.

DER ERZBISCHOF: Wer hat ihn angestiftet? In wessen Auftrag handelt er? Will mir der sächsische Kurfürst Schwierigkeiten machen? Verraten Sie es mir!

STAUPITZ: Er hat allein gehandelt.

DER ERZBISCHOF: Allein? Das möchte ich erst bewiesen sehen. *Zu den Dienern:* Schenkt dem Bruder Staupitz noch einen Becher Johannisberger ein.

ERSTER DOMHERR: Ich kenne Wittenberg. Ein Nest, in dem kaum zweitausend Leute wohnen. Vermutlich langweilt er sich dort.

DER ERZBISCHOF: Warum macht er soviel Wirbel? Was bezweckt er damit?

STAUPITZ: Er will eine Diskussion über die von ihm vorgebrachten Klagen.

ERSTER DOMHERR: Wie? Eine Diskussion?

DER ERZBISCHOF: Was verspricht er sich von einer Diskussion?

ERSTER DOMHERR: Eine Unverschämtheit!

Der Erzbischof fordert den Domherrn mit einer Geste auf, sich zurückzuhalten.

STAUPITZ: Er erwartet, daß Sie ihm zustimmen werden.

DER ERZBISCHOF: So? Erwartet er das?

STAUPITZ: Er ist der Meinung, daß Sie nicht alles wissen, was in Ihren Diözesen geschieht. Er glaubt, daß Ihnen die wahren Zustände verheimlicht werden.

DER ERZBISCHOF: Verheimlicht? Von wem?

STAUPITZ: Von Ihrer Umgebung, die Sie abschirmt und Ihnen die Sicht verstellt.

DER ERZBISCHOF: Das also glaubt er?

STAUPITZ: Ja.

DER ERZBISCHOF: Aha.

Pause.

ERSTER DOMHERR: Ihr Doktor Luther, Bruder Staupitz, ist ein vorlauter und vermessener Mensch.

STAUPITZ: Nein, das ist er nicht.

ERSTER DOMHERR: Was dann?

STAUPITZ: Ein radikaler Christ.

DER ERZBISCHOF: Wissen Sie, daß seine Thesen überall gedruckt werden? In Leipzig und in Nürnberg und in Basel?

Die Musik endet. Die Herren applaudieren. Der Lautenspieler steht auf und verbeugt sich.

DER ERZBISCHOF: Sie essen wie ein Spatz, Bruder Staupitz. Warum greifen Sie nicht zu? Versuchen Sie ein Bruststück vom Fasan! Er ist mit Thymian und Äpfeln gefüllt.

Der Lautenspieler beginnt ein neues Stück.

TETZEL *zu Staupitz:* Man hat mir berichtet, der Doktor Luther würde seinen Lehrstuhl in Wittenberg Ihnen verdanken. Ist das wahr?

STAUPITZ: Ja.

TETZEL: Es wird auch erzählt, er sei schon seit geraumer Zeit Ihr Stellvertreter.

STAUPITZ: Das stimmt.

TETZEL: Dann hörte ich noch ein Gerücht, das ich nicht glauben mag: daß er auch als Ihr Nachfolger vorgesehen sei. Doktor Luther als zukünftiger Generalvikar der deutschen Augustiner!

DER ERZBISCHOF: Das kann doch wohl nicht sein?

STAUPITZ: Doch. Daran haben wir gedacht.

Tetzel lacht leise vor sich hin.

STAUPITZ: Er ist ein ungewöhnlich fähiger Mann.

ERSTER DOMHERR: Kennen Sie die Fabeln von Äsop, Bruder Staupitz? Kennen Sie die Geschichte von der Schlange, die am Busen genährt wird?

DER ERZBISCHOF: Sie hätten es nicht soweit kommen lassen dürfen! Sie hätten ihn zurückhalten und zurechtweisen müssen. Ihr Bruder Martin kümmert sich um Dinge, die ihn nichts angehen, und stellt Fragen, die ihm nicht zustehen. Richten Sie ihm das aus!

TETZEL: Man muß ihn hart anfassen!

DER ERZBISCHOF: Du hast ihn geärgert. Drum ist er wütend. Ich trag's ihm nicht nach.

TETZEL: Er muß bestraft werden.

DER ERZBISCHOF: Ob das klug wäre, Bruder Johann? Je weniger wir ihn beachten, desto schneller wird er wieder vergessen sein.

TETZEL: Man muß die Füchse fangen, solange sie klein sind, hochwürdiger Herr. In einem solchen Fall ist Nachsicht sträflich. Wer den Ablaßhandel angreift, greift die Autorität des Papstes an!

STAUPITZ: Bruder Martin hat nie daran gedacht, an der Autorität des Papstes zu zweifeln.

TETZEL: Es zählt nicht, was er gedacht, sondern was er getan hat. *Er nimmt ein vor dem Kamin liegendes Scheit Holz und wiegt es in der Hand.* Ich verlange, daß er bestraft wird. *Er wirft das Scheit in den Kamin.* Und zwar so!

12 Refektorium im Kloster der Augustinermönche in Wittenberg

DIE MÖNCHE, DARUNTER LUTHER, BEIM MITTAGESSEN. WÄHREND SIE SUPPE LÖFFELN, LIEST BRUDER GABRIEL, DER TISCHLEKTOR, VOR.

BRUDER GABRIEL: . . . und ein jeder frage sich: Ziehst du stets das Interesse der Gemeinschaft dem eigenen vor? Stellst du deine Arbeitskraft ganz in den Dienst der Gemeinschaft? Bringst du den Arbeiten der Mitbrüder das nötige Interesse entgegen? Gibst du deinen Mitbrüdern stets ein gutes Beispiel? Bist du dir der Rechenschaft bewußt, die du Gott schuldig bist? Nimmst du die Unbeständigen in Zucht? Tröstest du die Verzagten? Nimmst du dich der Schwachen an? Hast du mit allen Geduld? *Staupitz tritt ein. Bruder Gabriel bricht die Lesung ab, die Mönche erheben sich. Staupitz verneigt sich vor dem Kruzifix, bittet die Mönche mit einer Geste, sich wieder zu setzen, und nimmt Luther gegenüber Platz.*

BRUDER GABRIEL *liest weiter vor:* Betrachtest du nichts als dein eigen? Gebrauchst du das Gut der Gemeinschaft sparsam und mit liebender Sorge? Bist du zufrieden, wenn dir auch nur das Notwendige gegeben wird? Dienst du Gott mit ungeteiltem Herzen? Wenn ihr findet, daß ihr befolgt, was geschrieben steht, so dankt dem Herrn. Wer aber noch einen Fehler an sich sieht, der bereue das Vergangene, nehme sich für die Zukunft in acht und bete, daß ihm die Schuld vergeben werde. Amen.

Die Mönche haben ihre Mahlzeit beendet und erheben sich.

BRUDER GABRIEL *betet:* Tu autem, Domine, miserere nobis.

DIE MÖNCHE: Deo gratias.

BRUDER GABRIEL: Confiteantur tibi, Domine, omnia opera tua.

DIE MÖNCHE: Gloria Patri et Filio et Spiritui Sancto. Amen. *Die Mönche verlassen das Refektorium.*

STAUPITZ: Ich muß mit dir sprechen, Bruder Martin.

LUTHER: Wann, Vater Staupitz?

STAUPITZ: Jetzt! *Er setzt sich.* Nimm Platz! *Luther setzt sich.* Ich war verreist. Ich war in Mainz. Ich war bei unserem Herrn Bischof. Deinetwegen, Bruder Martin, und wegen deiner Thesen.

LUTHER: Er hat sie also endlich gelesen?

STAUPITZ: Ja. Und er ist sehr verärgert.

LUTHER: Ich kann verstehen, daß er überrascht war.

STAUPITZ: Er war nicht überrascht.

LUTHER: Haben sich auch andere über den Ablaßhandel beschwert?

STAUPITZ: Nein.

LUTHER *verblüfft:* Er wußte Bescheid? *Staupitz nickt.* Und er hat es geduldet?

STAUPITZ: Lieber Bruder Martin . . .

LUTHER: Wie ist das möglich? Er muß doch wissen, daß in der Heiligen Schrift . . .

STAUPITZ: Er ist kein Theologe. *Luther schaut ihn mit großen Augen an.* Er ist ein Prinz. Ein Prinz aus dem Hause Hohenzollern.

LUTHER: Unser hochwürdigster Bischof . . .

STAUPITZ: Er ist 27 Jahre alt.

LUTHER: Das habe ich nicht gewußt. – Worüber war er verärgert, Vater Staupitz?

STAUPITZ: Über das Aufsehen, das du erregt hast.

LUTHER: Über den Tetzel nicht?

STAUPITZ: Warum? *Luther schaut ihn mit großen Augen an.* Tetzel handelt in seinem Auftrag.

LUTHER: Das glaube ich nicht! Das ist unmöglich!

STAUPITZ: Es ist so, Bruder Martin. Es ist leider so.

LUTHER: Wie kann der Bischof . . . wie kann er das tun?

STAUPITZ: Es ist nicht so ungewöhnlich, wie du glaubst.

LUTHER: Und was ist der Grund?

STAUPITZ: Geld.

Pause.

LUTHER: Vater Staupitz!

STAUPITZ: Ja?

LUTHER: Sie sind ganz sicher, daß Sie sich nicht irren?

STAUPITZ: Aber ja.

LUTHER: Und ist, was Sie erzählen, auch beweisbar?

STAUPITZ: Was ich weiß, wissen viele.

LUTHER: Dann sind wir verpflichtet, es den Papst wissen zu lassen!

STAUPITZ *zögernd:* Den Papst?

LUTHER: Ja! Es ist unsere Pflicht, Vater Staupitz.

STAUPITZ: Er weiß es, Bruder Martin.

LUTHER *starrt Staupitz an:* Wie?

STAUPITZ: Er weiß es.

LUTHER: Und duldet es?

STAUPITZ: Wie du siehst.

LUTHER: Dafür kann es nur einen Grund geben: Man hat ihn falsch unterrichtet. Ihm wird die Wahrheit vorenthalten. Es kann nicht anders sein. Alles andere ist undenkbar.

STAUPITZ: Undenkbar?

LUTHER: Er muß schlechte Berater haben. In der Bibel . . .

STAUPITZ: Er ist kein Theologe. *Luther schaut ihn mit großen Augen an.* Er ist ein Prinz. Aus dem Hause Medici.

LUTHER: Wenn er erfährt, was für Ablaßgeschäfte in Deutschland gemacht werden, wird er ein Machtwort sprechen.

STAUPITZ *schüttelt den Kopf:* Er wird kein Wort sagen, Bruder Martin, weder ein lautes noch ein leises.

LUTHER: Warum nicht?

STAUPITZ: Das läßt sich erraten.

LUTHER *erregt:* Was wollen Sie damit sagen? Wollen Sie behaupten, Vater Staupitz, daß auch er, auch er von dem Ablaßgeschäft profitiert?

Staupitz nickt.

LUTHER *heftig:* Das glaube ich nicht!

STAUPITZ: Trotzdem ist es so, Bruder Martin. Was der Heilige Vater tut, Bruder Martin, haben auch seine Vorgänger getan. Es ist so üblich, so üblich geworden, Bruder Martin, im Laufe vieler Jahre. Auch wenn es uns mißfällt: Wir können daran nichts ändern. Wer bin ich? Und was bist du? – Der Bischof wird nachsichtig sein, wenn du fortan Ruhe gibst, das läßt er dir ausrichten. Doch hält er es für angebracht, dir zu verbieten, öffentlich zu reden und zu schreiben. Ich bitte dich, Bruder Martin: Halte dich daran! Es ist auch die Bitte deiner Klosterbrüder. Du wolltest deiner Kirche einen Dienst erweisen, doch in Wirklichkeit hast du ihr Schaden zugefügt. Geh wieder deiner gewohnten Arbeit nach. Widme dich deinen Studien. Du bringst sonst unseren Orden in Verruf, Bruder Martin. Im Augustinerorden hat es noch nie einen Ketzer gegeben.

13 *Kirche in Wittenberg*

GOTTESDIENST. LUTHER PREDIGT VON DER KANZEL.

LUTHER: Wir lesen bei dem Prediger Salomo: Alles hat seine Stunde. Die Zeit des Schweigens ist vergangen und die Zeit zu reden ist gekommen.
Noch immer irrlichtert Tetzel durchs Land und erzählt euch das gottlose Märchen, daß die Vergebung eurer Sünden für Geld zu haben sei; noch immer gibt es welche, die ihm glauben, die bei ihm Ablaßbriefe kaufen und sich einreden, sie hätten ein gutes Geschäft gemacht. Sie hoffen nicht, daß Frömmigkeit Lohn bringt. Sie vertrauen nicht auf ihren Glauben. Sie bilden sich ein, daß Gott bestechlich ist.

Ihr könnt euer Geld besser ausgeben! Gebt es den Armen, gebt's den Kranken, helft allen, die in Not sind, wie euch Christus das Beispiel gegeben hat. Einen fröhlichen Geber hat Gott lieb. Die Vergebung allerdings ist nur zu erlangen durch Buße, Reue und den Willen, sich zu ändern. Wer etwas anderes behauptet, hat seine Nase nie in die Bibel gesteckt. Der kann nicht lesen. Oder hat nicht lesen wollen. Oder verschweigt, was er gelesen hat. Was hätte unser Herr Jesus gesprochen, wenn zu ihm einer gekommen wäre mit der Frage: Herr, sage mir, wieviel Geld die Vergebung der Sünden kostet. Jeder von euch kennt seine Antwort!

Es gibt keinen Geldbeutel, der so groß ist, daß er Gottes Gnade herbeizwingt. Silber und Gold sind vor Gott gar nichts. Wer nur damit zu Gott kommt, kommt mit leeren Händen.

Luther entdeckt, daß in der Nähe der Kanzel ein Mann sitzt, der die Predigt mitschreibt.

Warum wollt ihr nicht wahrhaben, daß es vor Gott keine Sicherheit gibt? Wir können uns von unseren Sünden nicht freikaufen. Laßt euch nicht verwirren und nicht verführen! Seid nüchtern und wach! Es kommt nur auf eines an: Daß Christus durch den Glauben in euren Herzen wohnt. Kämpft den guten Kampf des Glaubens – denn der Mensch wird nur durch den Glauben gerecht!

Ich bete, daß Tetzel und seine Auftraggeber ihr sündiges Geschäft bald aufgeben. Sonst wird der Tag kommen, an dem sie sich eingestehen müssen, daß sie vom Weg der Wahrheit abgeirrt sind, daß sie unterwegs sind auf dem Weg des Unrechts, über dem die Sonne der Gerechtigkeit nie aufgeht.

Beugt sich zu dem Mann, der mitschreibt. Und schreibe noch: Am Ende sagte er, daß geschrieben steht: Gottes Willen zu tun ist Treue.

14 *Im Hause des Jakob Fugger in Augsburg*

KARDINAL CAJETAN, VON KIRCHLICHEN WÜRDENTRÄGERN UND HOFLEUTEN UMGEBEN.

DER SEKRETÄR *kommt:* Er ist da, Eminenz.
CAJETAN: Hast du mit ihm gesprochen?
DER SEKRETÄR: Ja.
CAJETAN: Was sagte er?
DER SEKRETÄR: Er kam durchs Tor, sah sich verwundert um und fragte, wem dieser Palast gehöre. Dem Jakob Fugger, sagte ich. Welchen Beruf hat er? Ich sagte: Er ist Kaufmann. Danach fragte er so laut, daß es bestimmt bis unters Dach zu hören war, ob es tatsächlich möglich sei, das Geld, das dieser Luxus kostet, auf ehrliche und gottgefällige Weise zu verdienen.
CAJETAN: So habe ich ihn mir vorgestellt.

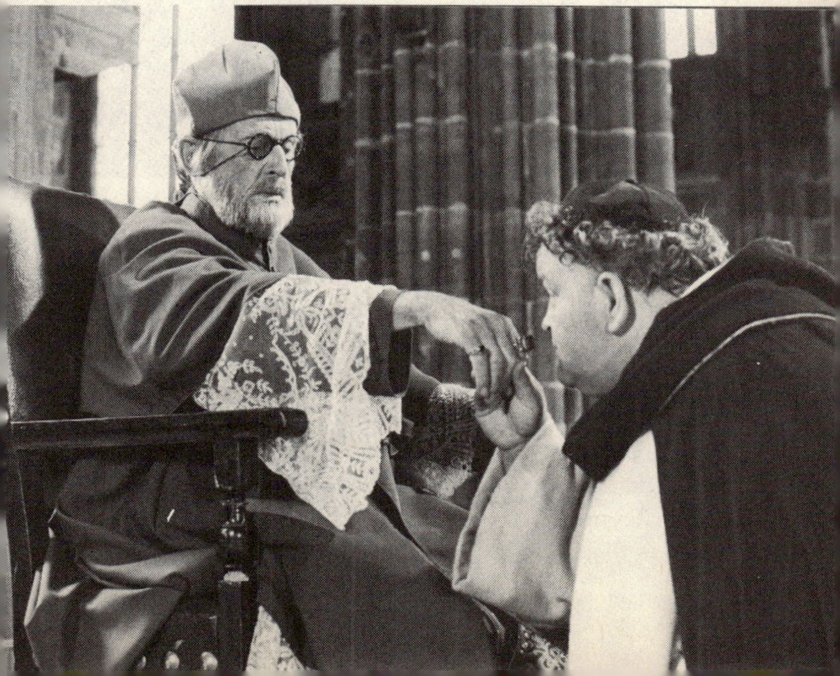

DER SEKRETÄR: Ich fand es angebracht, ihn zu belehren, wie er sich vor Ihnen zu benehmen hat. Soll ich ihn rufen?

CAJETAN: Nein. Er soll warten. Erst will ich den Tetzel sehen.

Der Sekretär läßt Tetzel eintreten.

TETZEL: Eminenz!

CAJETAN: Willkommen, Bruder Johann. Du weißt, warum ich dich sprechen muß?

TETZEL: Ich kann's mir denken, seitdem ich dem Bruder Martin auf der Treppe begegnet bin.

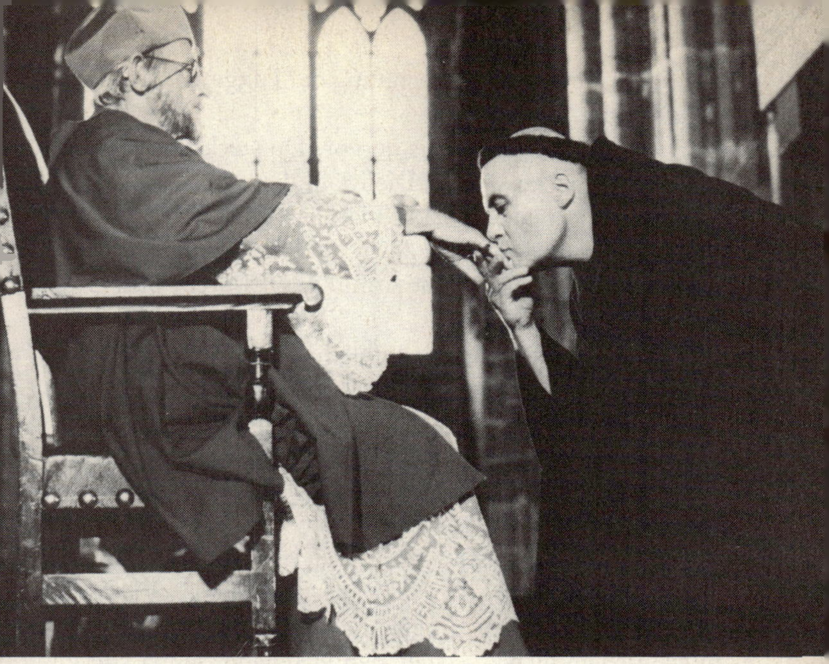

CAJETAN: Was sagte er zu dir?

TETZEL: Nicht viel. Wir mögen uns nicht allzusehr.

CAJETAN: Was war das Wenige?

TETZEL: Wir sprachen über den Hausherrn.

CAJETAN: Was?

TETZEL: Er wußte nicht, daß Fugger Bankier des Papstes ist und ich bei ihm die Ablaßgelder abzuliefern habe. Davon, sagt er, hört man im Kloster nichts.

CAJETAN: Zur Sache. Du hast schlecht gepredigt, Bruder, so schlecht und leichtfertig, daß du damit Ärgernis erregt hast.

TETZEL: Für das Ärgernis hat der Bruder Martin gesorgt. Ohne ihn hätte es keinerlei Ärger gegeben. Ich habe mir nichts vorzuwerfen.

CAJETAN: Gar nichts? *Zeigt ihm ein Schriftstück.* Kennst du das?

TETZEL *nickt:* Ja. Es ist die Abrechnung der Fuggerbank über die Ablaßgelder.

CAJETAN: Und was geht daraus hervor? Du steckst Prozente in die eigene Tasche. Das ist Diebstahl, Bruder.

TETZEL: Nein, Eminenz! Es ist seit langem üblich, daß ...

CAJETAN: Nicht nur Prozente. Auch noch Unkosten für Pferde und Diener. Hast du nicht Armut geschworen, Bruder Johann?

TETZEL: Doch. Aber es war stets üblich ...

CAJETAN: Verschone mich mit Ausreden. Du reist sofort ab, kehrst in dein Kloster nach Leipzig zurück und wirst es ohne meine Erlaubnis nicht verlassen. Mach dich noch heute auf den Weg! *Tetzel geht. Cajetan gibt dem Sekretär einen Wink. Der Sekretär läßt Luther eintreten. Dieser will sich vor dem Kardinal zu Boden werfen, doch der winkt, er solle aufstehen. Als Luther danach knien bleibt, winkt er abermals. Luther steht auf.*

CAJETAN: Willkommen in Augsburg, Bruder Martin. Ich freue mich, dich endlich zu sehen, denn ich habe viel von dir gehört, von deiner Gelehrsamkeit und deinem Glaubenseifer. *Zu seinen Begleitern:* Nur eines habe ich bisher nicht gewußt: daß Doktor Luther noch so jung ist. *Zu Luther:* Wie alt bist du, Bruder Martin?

LUTHER: Vierunddreißig, verehrter Vater.

CAJETAN: Was? Erst vierunddreißig? Und bereits Universitätsprofessor! Die Universität von Wittenberg soll sehr an Ansehen gewonnen haben, seit du dort lehrst.

LUTHER: Das ist übertrieben, verehrter Vater.

CAJETAN: Übertrieben? Wirklich? Bist du nicht zu bescheiden, Bruder Martin? Bei Matthäus steht, daß man sein Licht nicht unter den Scheffel stellen soll. Soviel ich weiß, gibt es in Deutschland keinen Theologen, der auch nur annähernd so bekannt ist wie du. Ich hoffe, daß die weite Reise nicht zu beschwerlich war und daß du in der Stadt gut wohnst.

LUTHER: Im Karmeliterkloster, verehrter Vater.

CAJETAN: Kommen wir zur Sache. Wir müssen miteinander, wie du weißt, ein Mißverständnis aus der Welt schaffen, das seit geraumer Zeit viel Staub aufwirbelt, ein völlig unnötiges Ärgernis, das unliebsames Aufsehen macht und unserer Kirche schädlich ist. Ich komme nicht als Kläger oder Richter, Bruder Martin, sondern als väterlicher Freund; ich will den Streit, den du vom Zaun gebrochen hast, mit Wohlwollen und Nachsicht schlichten, wobei ich hoffe und erwarte, daß du deinen Teil zum Frieden beiträgst.

LUTHER: Gewiß, verehrter Vater.

CAJETAN: Gut. Dann höre: Den Bruder Tetzel habe ich bestraft, weil er die Befugnisse, die er besaß, weit überschritten hat. Das ist erledigt. Was ich von dir verlange, ist nicht viel. Ich muß dich bitten, Bruder Martin, daß du in dich gehst und deine Irrtümer einsiehst und widerrufst. Versprich mir auch, daß du in Zukunft alles unterläßt, was Streit und Unruhe in die Kirche bringt.

LUTHER: Das will ich gern tun, verehrter Vater.

CAJETAN: Sehr gut. Dann widerrufe.

LUTHER: Darf ich vorher eine Bitte äußern?

CAJETAN: Welche Bitte?

LUTHER: Belehren Sie mich bitte, wo mein Irrtum liegt.

CAJETAN: Soviel ich weiß, hat man dich längst belehrt, daß Rom den Ablaß billigt, oder nicht?

LUTHER: Das ist geschehen, gewiß, mehrfach sogar, ich kann's trotzdem nicht glauben, verehrter Vater, denn er widerspricht der Heiligen Schrift.

CAJETAN: Wie die Schrift zu verstehen und auszulegen ist – hat das nicht der Heilige Vater zu entscheiden, Bruder Martin?

LUTHER: Doch. *Pause.* Aber haben Päpste nicht schon geirrt?

CAJETAN: Aber die Autorität eines Konzils wirst du doch anerkennen?

LUTHER: Auch Konzile haben geirrt.

CAJETAN: Bruder Martin! Du wirst doch nicht die Kompetenz von Papst und Konzil ablehnen?

LUTHER *nach einer Pause:* Nein. Aber über den Ablaß, verehrter Vater, steht in der Heiligen Schrift kein Wort.

CAJETAN: Die päpstliche Gewalt steht über allem: der Kirche, den Konzilien und der Schrift.

LUTHER: Nein.

CAJETAN *verwundert:* Nein? *Scharf:* Nein?

LUTHER: Über allem steht das Wort.

CAJETAN: Vergiß nicht den Gehorsam, Bruder Martin, den du Kirche und Papst geschworen hast.

LUTHER: Es ist die Pflicht der Diener Gottes, dem Worte Gottes furchtlos zu gehorchen.

CAJETAN: Der Papst erwartet, daß du widerrufst.

LUTHER: Er hat kein Recht, es zu verlangen.

CAJETAN *empört:* Was?

LUTHER: Warum erlaubt er, daß der Mainzer Bischof mit dem Ablaßhandel Geschäfte macht, die zum Himmel stinken? Warum erlaubt er das, Eminenz? Nur weil ich das laut frage, fallen alle über mich her, als hätte ich die Welt in Brand gesteckt. Sie verkennen meine Absichten. Ich möchte doch nur meiner Kirche dienen.

CAJETAN: Mit dem Geschrei, das du machst, dienst du ihr nicht.

LUTHER: Die Kirche, Eminenz, ist krank.

CAJETAN: Das zu beurteilen steht einem Mönch nicht zu. Doch sollte sie je krank sein, weiß ich sicher, daß eine deutsche Roßkur sie nicht heilt.

LUTHER: Sobald der Ablaßhandel aufhört, Eminenz, werde ich so still wie früher leben.

CAJETAN: Also kein Widerruf?

LUTHER: Ich bin mir nicht bewußt, etwas gesagt zu haben, was der Bibel widerspricht.

CAJETAN *zu seinem Sekretär:* Du schreibst doch mit?

DER SEKRETÄR: Wort für Wort.

LUTHER: Was ich sagte, Eminenz, erscheint mir wahr, vernünftig und katholisch.

CAJETAN: Das heißt: Es irrt der Papst, die Kardinäle irren, die ganze Geistlichkeit irrt sich, nur Doktor Martin Luther irrt sich nicht.

LUTHER: Ich bin ein schwacher Mensch, der irren kann und sich schon oft geirrt hat, Eminenz. Deshalb bin ich bereit, mit Professoren der Universitäten Basel oder Paris zu diskutieren und im Fall, daß man mich widerlegt, zu widerrufen.

CAJETAN: Was willst du noch? Öffentlich diskutieren in Basel und Paris? Das Aufsehen ist doch schon groß genug, oder nicht? Willst du es noch vermehren? Basel und Paris! Das fehlte gar. Das schlag dir aus dem Kopf. Ich werde nicht zulassen, daß du noch mehr Unruhe stiftest, Bruder Martin.

LUTHER: Das war nie meine Absicht, Eminenz.

CAJETAN: Es ist nicht entscheidend, was du willst, sondern was du bewirkst. Die Unruhe ist da – und du bist schuld daran.

LUTHER: Nein! Der Ablaßhandel ist das Ärgernis, nur er, er ganz allein, nicht die Kritik, die er zehnmal verdient hat.

CAJETAN: Auf den Gedanken, daß du in deinem blinden Eifer zu weit gegangen bist, kommst du allein wohl nicht?

LUTHER: Ich habe nur den Eifer, Gott zu dienen.

CAJETAN: Den haben wir hier alle, Bruder Martin, und ich bin sicher, daß es unter uns nicht einen gibt, der zuließe, daß ihn der Eifer eines andern übertrifft. Der Unterschied ist nur: Du willst allein entscheiden, wie du Gott zu dienen hast, du schreibst dir deine Pflichten selber vor. Das kann unsere Kirche nicht dulden. Wenn du sagst: Über allem steht die Heilige Schrift, heißt das nicht auch: Man muß die Bibel unters Volk bringen, damit sie jedermann ver-

steht, der Knecht, der Wirt, der Viehhändler, der Schuster? Was auch heißt: Der Mensch bedarf nicht mehr der Unterweisung durch die Kirche, denn er findet von allein den rechten Weg? Und das bedeutet: Er läßt sich allein von seinem Glauben leiten. Er steht vor Gott ohne die Vermittlung und Hilfe der Heiligen und ohne Fürbitte der Jungfrau. Er gehorcht nur noch Gottes Wort und seinem Gewissen. Das heißt: Du überläßt die Menschen sich selber.

LUTHER *zögernd:* Ja . . .

CAJETAN: Das kannst du doch nicht wollen!

LUTHER *nach einer Pause:* Warum nicht?

CAJETAN *verblüfft:* Wie?

LUTHER: Wär's so schlimm?

CAJETAN: Wie viele sind dem gewachsen, Bruder Martin?

LUTHER: Es wären mehr, wenn nicht die Kirche viele am Wachsen hindern würde. Warum soll die Freiheit einen Christen überfordern? Er ist für sie und sie für ihn gemacht.

CAJETAN: Ich gebe dir Bedenkzeit. Drei Tage. Ist's genug?

LUTHER: Ich bleibe bei dem, was ich gesagt habe.

CAJETAN: Hochmütig und verstockt. Du wirst's bereuen.

LUTHER: Warum drohen Sie mir? Warum machen Sie sich nicht die Mühe, mich zu überzeugen?

CAJETAN *schreit ihn an:* Widerrufe endlich! Du fügst der Kirche schweren Schaden zu.

LUTHER *schreit:* Im Gegenteil! Ich wende Schaden von ihr ab.

CAJETAN: Dazu sind andere berufen.

LUTHER: Nein. Diese Pflicht hat jeder Christ.

CAJETAN *zornig:* Wo willst du hinaus?

LUTHER *heftig:* Ich will, daß endlich alle Menschen begreifen, daß Gottes Wort mehr gilt als alle Reden aller Päpste, denn das Papsttum ist von Menschen geschaffen worden, nicht von Gott. In der Bibel steht kein Wort davon.

CAJETAN *schreit ihn an:* Mach nur so weiter! Immer weiter so! Du redest dich um Kopf und Kragen.

LUTHER *schreit:* Ich werde die Wahrheit sagen, auch wenn es mich zwanzig Hälse kostet.

CAJETAN *nach einer Pause zu seiner Begleitung:* Laßt uns allein! *Alle gehen, bis auf Kardinal Cajetan und Luther.*

CAJETAN: Ich bitte, mein Sohn, bitte dich sehr ernst und väterlich besorgt: Geh nicht zu weit! Bleib stehen! Du stehst an der Grenze. Kehr um, solange noch dafür Zeit ist. Nur ein kleiner Schritt noch, ein unkluges Wort, und du stehst draußen, draußen, wo der Hus stand, wo die Ketzer stehen, am Scheiterhaufen.

LUTHER: Ich bin ein treuer Diener meiner Kirche.

CAJETAN: Du siehst es so. Ich habe es begriffen. Doch diese Kirche, die seit fünfzehnhundert Jahren mit viel Mühe die Frohe Botschaft durch ein Chaos trägt, das sich Geschichte nennt, ist dir nicht vollkommen und konsequent genug. Du forderst, daß sie strenger Gottes Wort gehorcht, und tadelst, daß sie für die Menschen und ihre Schwächen zuviel Rücksicht zeigt. Es sind Gedanken, die mir gut bekannt sind, sie haben mich mit gleicher Leidenschaft bewegt, mit neunzehn Jahren allerdings, und nicht mit vierunddreißig. Wohin soll die Unruhe, die du in Deutschland angefacht hast, führen? Zu einer Rebellion? Du hast die Folgen hoffentlich bedacht.

LUTHER: Muß ein Christ, der Gottes Wort folgt, an die Folgen denken?

CAJETAN: Das verlangt die Verantwortung.

LUTHER: Sie haben wenig Vertrauen zu den Menschen.

CAJETAN: Wir kennen sie. Die Kirche ist sehr alt. Niemand hat mehr Erfahrung mit den Menschen als sie. Es ist Aufgabe und Pflicht der Kirche, Gottes Wort auszulegen.

LUTHER: Das steht nirgends geschrieben.

CAJETAN: Du bezweifelst die Vorrechte des geistlichen Standes?

LUTHER: Er hat kein Vorrecht.

CAJETAN: Nein?

LUTHER: Nein. Paulus sagt im ersten Brief an die Korinther und im Römerbrief, daß alle Christen gleich sind. Unter ihnen ist kein Unterschied, sagt er. Petrus sagt es auch. Jeder soll mit den Gaben, die ihm Gott geschenkt hat, den andern dienen, wie die Gliedmaßen des Körpers einander alle dienlich sind.

CAJETAN: Er soll! Gewiß: er soll. Doch ist er auch gewillt und dazu fähig? Reichen seine Kräfte? Wie viele handeln gut dank ihrer Einsicht? Nur wenige. Die große Mehrheit braucht als Richtschnur ihres Handelns Lohn und Strafe.

LUTHER: Sie lassen den Glauben außer acht, der uns verwandelt und zu neuen Menschen macht. Das ist der Grund, warum soviel im argen liegt. Der Papst vertraut auf seine Macht mehr als auf Gott. Das Innerlichste wird veräußerlicht, das Göttliche verweltlicht.

CAJETAN: Du rüttelst an den Fundamenten, Bruder.

LUTHER: Das Fundament der Kirche ist die Heilige Schrift, der Glaube ihr Gewölbe.

CAJETAN: Und die guten Werke?

LUTHER: Die guten und die frommen Werke machen noch keinen guten, frommen Mann, sondern ein guter, frommer Mann tut gute und fromme Werke. Wer glaubt, fragt nicht, ob er ein gutes Werk tun soll; er hat's getan, ehe man fragt. Ein Christ lebt nicht in sich selbst, er lebt in Christo durch den Glauben, im Nächsten durch die Liebe. Das ist die christliche Freiheit, die alle andere Freiheit übertrifft wie der Himmel die Erde.

CAJETAN: Du bist ein Schwärmer und ein Träumer, Bruder Martin. Was du ersehnst, ist eine Utopie.

LUTHER: Mit diesem Argument hat man dem Wunsch nach Veränderung noch nie das Maul gestopft.

CAJETAN: Du idealisierst die Menschen. Du stellst Forderungen, denen keine Praxis standhalten kann. Du ignorierst die Kluft, die zwischen Ideal und Wirklichkeit besteht. Du liebst den Anspruch mehr als das Geschöpf, das ihm genügen soll.

LUTHER: O nein! Der Unterschied ist, daß ich zu den Menschen mehr Zutrauen habe als Sie.

CAJETAN: Ich denke nicht gering von den Menschen, Bruder Martin, doch nehme ich sie, wie sie sind. Sie suchen Nachsicht, Schutz, Geborgenheit in einer altbewährten festen Ordnung. Die Kirche ist nicht makellos, denn in ihr wirken Menschen, aber sie erfüllt den Auftrag, den der Herr ihr gab, so gut sie es vermag: indem sie allen, die mühselig und beladen zu ihr kommen, mit vollen Händen Trost und Hoffnung spendet. *Leise:* Du willst nicht widerrufen?

LUTHER: Nein.

CAJETAN: Dann geh!

Luther geht.

15 Druckerwerkstatt in Wittenberg

LUTHER, DER DRUCKER GRUNENBERG UND ZWEI GESELLEN, DIE AN EINER HOLZPRESSE ARBEITEN.

GRUNENBERG *belustigt:* Wie mein Geschäft geht? Das fragen Sie noch, Bruder Martin? *Er zeigt auf die Druckpresse.* Ich kann von Ihren Schriften gar nicht genug drucken. Von überallher kommen Bestellungen, sogar aus Nürnberg, aus Freiburg und Basel. Hoffentlich finden Sie bald die Zeit, wieder etwas zu schreiben.

LUTHER: Diese Zeit habe ich mir bereits genommen. *Gibt ihm ein Manuskript.*

GRUNENBERG *während er zu lesen beginnt:* Ich biete Ihnen nochmals ein Honorar an.

LUTHER: Ich habe Ihnen doch gesagt, daß ich keines will. *Er schaut den Gesellen bei der Arbeit zu.*

GRUNENBERG: So scharf haben Sie noch nie geschrieben.

LUTHER: Wer zahm schreibt, wird nicht gehört.

GRUNENBERG *bedächtig:* Wenn ich das drucke – danach wird für Sie in unserer Kirche kein Platz mehr sein. Wohin soll das führen, Bruder Martin?

LUTHER: Wohin Gott uns führt.

GRUNENBERG: Glauben Sie, daß Sie in Deutschland einen Fürsten finden werden, der Sie beschützt?

LUTHER: Ich weiß es nicht.

GRUNENBERG: Wohin wollen Sie dann gehen?

LUTHER: Unterm Himmel ist viel Platz.

16 Jagdschloß Magliano

DER PAPST LEO X., DER MIT ZWEI KARDINÄLEN DIE BAUPLÄNE DER PETERSKIRCHE BETRACHTET, EMPFÄNGT DEN KARDINAL CAJETAN.

DER PAPST: Aber, Herr Kardinal! Erst gestern hörte ich, daß Sie krank sind. Warum bleiben Sie nicht in Rom? Wollen Sie noch kränker werden? Warum schonen Sie sich nicht?

CAJETAN: Es fehlt mir die Zeit, Eure Heiligkeit.

DER PAPST: Dann werde ich Ihnen befehlen, sich zu schonen.

CAJETAN: Ich habe neue Nachrichten aus Deutschland.

DER PAPST: Später, lieber Kardinal. Wir sind eben dabei, den Bauplan der Peterskirche zu studieren. Sagen Sie bitte auch Ihre Meinung dazu.

CAJETAN *unbeirrt:* In Deutschland gärt es. Die Kirche muß gegen Luther vorgehen. Sie darf nicht länger warten. Sie kann nicht dulden, daß ein Mönch, der zum Gehorsam verpflichtet ist, seine Vorgesetzten öffentlich kritisiert.

DER PAPST: Ungehorsam mindert nicht die Autorität. Er ist nur ein Zeichen, daß sie ungeschickt ausgeübt wird. *Er wendet sich wieder den Bauplänen zu.*

CAJETAN: Luther findet nicht nur Zustimmung. Neuerdings findet er auch Anhänger.

DER PAPST: Viele?

CAJETAN: Er spricht aus, was viele denken, Eure Heiligkeit. Er ist ein Vorreiter, der anderen Mut macht. Er wagt es sogar, Sie zu beschimpfen.

DER PAPST: Tatsächlich? Wie nennt er mich? *Da Cajetan mit seiner Antwort zögert:* Nun?

CAJETAN: Einen Teufelsapostel.

DER PAPST *schüttelt angewidert den Kopf:* Der Mann hat keine Manieren. Wer ist schuld an diesem Trubel? Der Mainzer Bischof?

CAJETAN: Die Deutschen sagen: Nur in zweiter Linie.

DER PAPST: Und wer in erster? Nun?

CAJETAN: Eure Heiligkeit.

DER PAPST: Sagen die Deutschen?

CAJETAN: Ja. Sie hätten dem Erzbischof von Mainz nicht zwei Bistümer geben dürfen. Sie hätten von dem Erzbischof dafür kein Geld verlangen dürfen. Da er das Geld nicht hatte, mußte er es sich beim Fugger borgen, und um diese Schulden loszuwerden, ließ er den Ablaß verkaufen. Wenn die Kirche Schaden gelitten hat, sagen die Deutschen, dann durch diesen Mißbrauch und nicht durch Doktor Luther, der ihn angeprangert hat.

DER PAPST: Auch ein Papst muß Einnahmen haben. Ich habe tausenderlei Verpflichtungen. Glaubt man in Deutschland, daß in Rom Gold und Silber vom Himmel fallen? Wieviel Geld verschlingt allein der Bau der Peterskirche! Michelangelo arbeitet nicht umsonst. Raffael ist noch teurer.
Draußen Hundegebell.
Was sprechen sie noch, die Deutschen?

CAJETAN: Sie sind aufgebracht darüber, Eure Heiligkeit, daß eine Kritik, die sie für berechtigt halten, von Rom nur mit Anordnungen, mit Verboten und Drohungen beantwortet wird.

DER PAPST: Was soll nun geschehen? Was schlagen Sie vor?

CAJETAN: Die Unruhe muß mit allen Mitteln erstickt werden, Eure Heiligkeit.

DER PAPST *über seinen Bauplänen:* Eine runde Kuppel über dem griechischen Kreuz . . . Ob das die beste Lösung ist?

CAJETAN *eindringlich:* Je länger Sie zögern, desto schwieriger wird alles. *Der Papst nimmt einen Stift und bringt auf dem Bauplan Korrekturen an.*

ERSTER KARDINAL: Ein deutscher Professor, noch dazu aus Sachsen! Nehmen Sie den Mann nicht zu ernst?

CAJETAN: Ich wollte, wir hätten ihn früher ernst genommen.

ZWEITER KARDINAL: Jedes Jahr taucht irgendwo ein aufmüpfiger und respektloser Mönch auf. Es kann gar nicht anders sein. Zu jeder Herde gehört ein schwarzes Schaf.

DER PAPST: Ich werde den Doktor Luther nach Rom einladen.

CAJETAN: Er wird nicht kommen, Eure Heiligkeit.

DER PAPST: Dann verlange ich seine Auslieferung.

CAJETAN: Für diese Forderung werden die deutschen Fürsten taub sein.

DER PAPST: Was hilft sonst?

CAJETAN: Nur noch der Bann.

DER PAPST *schüttelt mißbilligend den Kopf.*

CAJETAN: Warum zögern Sie?

DER PAPST: Wir haben einen jungen Kaiser, der Ansprüche auf Italien hat, die der französische König nicht billigt.
Es wird zum Krieg kommen, bei dem beide mich auf ihrer Seite haben möchten. Deshalb verhandle ich mit beiden. Solange diese Verhandlungen nicht abgeschlossen sind, unternehme ich ungern etwas, das die Verhältnisse in Deutschland kompliziert.

Draußen Hundegebell.
Eine elegantere Lösung wäre mir lieber.

CAJETAN: Die gibt es nicht, Eure Heiligkeit.

DER PAPST: Schade.
Draußen Hundegebell.
Dann bereiten Sie alles Notwendige vor!

CAJETAN: Es ist vorbereitet. *Er legt dem Papst ein Papier vor.* Sie müssen nur noch unterschreiben.
Ein Jagdaufseher tritt ein.

DER PAPST: Was ist?

DER JAGDAUFSEHER: Die Jagdgäste Eurer Heiligkeit warten.
Der Papst unterschreibt, dann reicht er Cajetan das Papier.

DER PAPST: Sie sind ungewöhnlich blaß. Und auf Ihrer Stirn steht Schweiß. Ich vermute, Sie haben Fieber. Ich werde Ihnen meinen Arzt schicken.
Er geht mit dem Jagdaufseher ab. Draußen Hundegebell.

17 Marktplatz in Köln

AM ABEND. DER HENKER SCHÜRT EIN FEUER. VIELE ZUSCHAUER, DARUNTER ZAHLREICHE GEISTLICHE UND BEHÖRDENPERSONEN IN AMTSTRACHT. AUF EINER KLEINEN TRIBÜNE STEHEN EIN HEROLD, EIN TROMMLER UND EIN UNIFORMIERTER, DER EINE FAHNE MIT DEM PÄPSTLICHEN WAPPEN TRÄGT.

DER HEROLD *liest vor:* Steht uns bei, Petrus und Paulus, die ganze Schar der Heiligen, die ganze Kirche steh uns bei: denn in den Weinberg unseres Herrn ist ein Wildschwein eingebrochen, eine wilde Bestie, die ihn zerwühlt und abfrißt. Ausgerechnet in Deutschland, dem die Päpste stets mit besonderer Liebe zugetan waren, wuchern Irrtum und Ketzerei.

Wir fordern den Anstifter, den vom Satan verblendeten Doktor Luther auf, innerhalb von sechzig Tagen nach Rom zu kommen und seine Irrtümer zu widerrufen. Weigert er sich, so wird er aus der Christenheit ausgestoßen und verfällt der Strafe.
Wir verbieten allen Druckern und Buchhändlern, die falschen Schriften des Doktor Luther zu verbreiten. Wer es trotzdem tut, gilt als ein Verächter unseres heiligen Glaubens und wird wie ein Ketzer bestraft.
Wir verbieten allen Christen, Doktor Luthers Schriften zu erwerben, zu lesen, aufzuheben oder weiterzugeben. *Er hebt ein Buch hoch.* Jeder, der solche Schriften hat, ist verpflichtet, sie zu verbrennen oder verbrennen zu lassen. *Er reicht das Buch dem Henker.*
Trommelwirbel. Der Henker zerreißt das Buch und wirft es ins Feuer.

DER HEROLD: Wie es hier geschieht!
Ein Mönch reicht dem Herold mehrere Bücher, die dieser an den Henker weitergibt. Trommelwirbel. Der Henker wirft die Bücher ins Feuer.

DER HEROLD: Und hier! Und hier! Und hier!
Die Geistlichen, die Behördenpersonen und viele Zuschauer applaudieren.

18 *Wittenberg*

AUF DEM EXEKUTIONSPLATZ VOR DEM ELSTERTOR BRENNT EIN FEUER, UM DAS VIELE ZUSCHAUER, VOR ALLEM STUDENTEN STEHEN. IN IHRER MITTE LUTHER.

LUTHER: Der Papst belegt mich mit dem Bann, er nennt mich einen Ketzer, er droht mir die Todesstrafe an. In Köln und

Mainz verbrennen seine Gehilfen auf dem Marktplatz meine Bücher. Darauf weiß ich nur eine Antwort: Sucht euch jemand anders, den ihr schrecken könnt!

Gelächter und Applaus, vor allem von den Studenten.

LUTHER: Ich habe zwei Dinge getan, die sie ganz unverzeihlich finden: Ich las zuviel in der Heiligen Schrift und wagte zu sagen, daß sie die Schafe weiden und nicht scheren sollen. Das ist in Rom die allerschlimmste Ketzerei! Darauf gab's keine Antwort, die ein Nachdenken wert war, nur Schmähungen, Verleumdungen und Haß. Was sie gegen mich behaupten, wo steht das geschrieben? Nicht in der Heiligen Schrift. Sie müssen es in einem finsteren Ofenloch gelesen haben. Ein Ketzer bin ich nur für den, der nie die Bibel aufgeschlagen hat.

Zustimmung und Applaus.

LUTHER: Ich habe unserem Hirten in Rom noch mehr zu sagen. Es steht in der Heiligen Schrift kein Wort davon, daß man Haare und Knochen anbeten soll. Wie ist es möglich, daß Jesus zwölf Jünger hatte, den Judas mitgerechnet, und allein in Deutschland achtzehn begraben sind? In der Bibel steht nichts von Dogmen und dem Zölibat, nichts von Ohrenbeichten und Ablässen, von Messen und Wallfahrten, von Prälaten, Domherrn, Kardinälen, Päpsten, und nirgends steht, daß man Ketzer verbrennen soll.

Zustimmung und Applaus.

LUTHER: Wer noch zweifelt, wem er als Christ Gehorsam schuldig ist, dem Papst oder dem, was geschrieben steht, der folge dem Wort aus der Apostelgeschichte: Man muß Gott mehr gehorchen als den Menschen. Wenn der Papst sich weigert, Christi Gebot zu gehorchen, ist er kein Christ. Wenn er glaubt, sein Wort stünde über Christi Wort, ist er der Antichrist.

Man darf vor den großen Hansen keine Furcht haben. Sollen sie meine Schriften verdammen und ins Feuer werfen!

Was sie können, kann ich auch. Schaut her! Schaut, was ich mitgebracht habe! Das ist die Bannbulle! Und hier: die Gesetzbücher des Papstes! Es steht geschrieben im Buch der Richter: Wie sie es mit mir gemacht haben, so habe ich es auch mit ihnen gemacht.

Er wirft die Bücher und die Bannbulle ins Feuer.

Amen.

Luther geht. Die Studenten werfen noch weitere Bücher ins Feuer. Ein Trompeter bläst dazu. Gelächter. Die Studenten tanzen übermütig um das Feuer.

DIE STUDENTEN *singen:* Tempus hoc letitie,
dies festus hodie!
Quidquid agant alii,
iuvenes amemus
et cum turba plurium
ludum celebremus.

19 Im Kloster der Augustiner in Wittenberg

BRUDER GABRIEL SCHNEIDET LUTHER DIE HAARE UND ERNEUERT DESSEN TONSUR. WÄHRENDDESSEN SPRICHT LUTHER MIT KARLSTADT.

LUTHER: Der Mainzer Bischof fragt, warum ich nicht nach Rom reise. Zum Lachen! Soll ich ihnen nachlaufen, damit sie mich umbringen können?

KARLSTADT: Sie sollten auch nicht nach Worms gehen. Es ist zu gefährlich.

LUTHER: Kaiser Karl hat mir freies Geleit zugesagt.

KARLSTADT: Das hat ein Kaiser auch dem Hus zugesagt – und dann hat er ihn doch getötet.

BRUDER GABRIEL: Sei vorsichtig, Bruder Martin! Die großen Herrn geben ihr Wort und brechen ihr Wort, wie es ihnen in den politischen Kram paßt. Heute so, morgen so. Eher ist auf eine morsche Leiter Verlaß oder auf ein zerschlissenes Seil.

LUTHER: Der Bürgermeister ließ ausrichten, daß die Stadt Wittenberg bereit ist, die Reisekosten zu bezahlen.

KARLSTADT: Darauf würde ich dankend verzichten.

LUTHER: Die Stadt will mir sogar eine neue Kutte schenken. *Er betrachtet seine Kutte.* In dieser Kutte kann ich mich wirklich nirgends mehr sehen lassen.

BRUDER GABRIEL *bei der Arbeit:* Neige deinen Kopf, Bruder Martin! *Luther folgt der Anweisung.* Danke.

LUTHER: Habe ich Ihnen die Einladung nach Worms gezeigt? *Karlstadt nickt.* Der Kaiser selber hat sie unterschrieben. *Er zieht den Brief aus seiner Kutte und zeigt ihn Gabriel.* Und das ist die Unterschrift des Mainzer Erzbischofs! *Er lacht.* Jetzt hat er Zeit, um mir zu schreiben! – Ich darf den Brief nicht verlieren. Ich muß ihn meinem Vater zeigen. Sonst denkt er noch, ich hätte aufgeschnitten. *Steckt den Brief wieder ein.* Hätten Sie Lust, mich nach Worms zu begleiten?

KARLSTADT: Da sei Gott vor! Wenn man Sie verhaftet, wird man Ihre Begleiter nicht laufen lassen.

Staupitz kommt.

LUTHER *springt auf:* Vater Staupitz!

STAUPITZ: Bruder Martin! *Sie umarmen sich.*

BRUDER GABRIEL: Augenblick noch, Bruder Martin!

LUTHER: Später, Bruder Gabriel, später!

Bruder Gabriel geht ab. Karlstadt begrüßt Staupitz, geht dann auch ab.

LUTHER: Sie wissen, daß mich der Kaiser nach Worms vorgeladen hat?

STAUPITZ: Man hat es mir erzählt. Wirst du gehen?

LUTHER: Soll ich nicht?

STAUPITZ: Hast du keine Angst?

LUTHER: Doch.

STAUPITZ: Aber du willst trotzdem gehen?
LUTHER: Ja. Werden Sie mich begleiten, Vater Staupitz?
STAUPITZ: Nein, nein, auf keinen Fall.
LUTHER: Ist Ihnen die Reise zu weit?
STAUPITZ: Ich habe eine andere Reise vor, Bruder Martin.
LUTHER: Eine andere? Wohin, Vater Staupitz?
STAUPITZ: Nach Salzburg.
LUTHER *erstaunt:* Was führt Sie nach Salzburg?
STAUPITZ: Ich habe mein Amt niedergelegt. Ich gehe als Abt in ein Salzburger Kloster.
LUTHER: Vater Staupitz!
STAUPITZ: Leb wohl, Bruder Martin! Ich kann dich nicht abhalten, deinen Weg zu gehen. Geh ihn in Gottes Namen. Er ist nicht der meine. Wer die Kirche reformieren will, muß in der Kirche bleiben.
LUTHER: Aber ich will sie doch nicht verlassen. Das ist das letzte, was ich will!
STAUPITZ: Wer von ihr zuviel verlangt, entfernt sich von ihr. Warum willst du das nicht einsehen, Bruder Martin? Deine Forderung nach mehr Freiheit benützen viele als Vorwand, um sich von Pflichten zu befreien. Was ihre Pflicht als Christ ist, wollen sie selbst bestimmen; sie berufen sich auf das Evangelium, doch in Wahrheit handeln sie willkürlich. Man muß das Evangelium leben und nicht nur lesen.
LUTHER: Sie halten meine Kritik für unberechtigt, Vater Staupitz?
STAUPITZ: Sie befaßt sich zuviel mit Äußerlichkeiten, Bruder Martin. Wenn ich Christus nachfolgen will, kann ich es mit und ohne Mönchskutte tun. Warum soll ich auf Prozessionen und Wallfahrtslieder verzichten, auf den Duft von Weihrauch und auf das helle Geläut bei der Wandlung? Das alles hat mein Leben ausgemacht, hat mein Leben reich gemacht. Ich liebe meine Kirche.
LUTHER: Ich liebe sie auch!

STAUPITZ: Ich weiß. Aber du läßt außer acht, daß auch die Schwachen deine Brüder sind. Auch für sie ist Christus gestorben, Bruder Martin. Deshalb hüte dich, ihr schwaches Gewissen zu verletzen. Leb wohl! Der Friede sei mit dir!

Er umarmt Luther und geht. Nach einer Weile kommt Bruder Gabriel zurück.

BRUDER GABRIEL: Setz dich bitte, Bruder Martin. Es dauert nur noch einen Augenblick, dann bin ich mit der Arbeit fertig.

20 Der Bischofshof in Worms

REICHSTAG. KAISER KARL V. SITZT ERHÖHT UNTER EINEM BALDACHIN. NEBEN IHM EIN KARDINAL, DIE DEUTSCHEN KURFÜRSTEN UND ANDERE POTENTATEN. LÄRM UND GROSSES GEDRÄNGE. LUTHER BETRITT DEN SAAL, GEHT AUF DEN KAISER ZU UND BEUGT VOR IHM DAS KNIE. DER SPRECHER DES REICHES, DER OFFIZIAL VON DER ECKEN, EIN ERZBISCHÖFLICHER BEAMTER UND RICHTER, TRITT ZU IHM.

DER OFFIZIAL: Du bist vorgeladen, Bruder Martin, vor die kaiserliche Majestät, weil du Lehren unters Volk bringst, die ärgerlich, verführerisch und falsch sind. Du hast mit deinen Schriften nicht nur der Kirche Schaden zugefügt, sondern auch Zwietracht und Unruhe gestiftet, womit's ein Ende haben muß.

Luther will etwas entgegnen, doch der Offizial gibt ihm mit einer Geste zu verstehen, daß er schweigen soll.

DER OFFIZIAL: Beantworte zwei Fragen! *Er zeigt auf eine Bank, auf der ein Stoß Bücher liegt.* Hast du diese Bücher geschrieben?

Luther geht zur Bank und sieht sich die Bücher an.

LUTHER: Ja.

DER OFFIZIAL: Willst du, was du geschrieben hast, aufrechterhalten oder willst du davon etwas widerrufen?

LUTHER: Darauf ist nicht mit einem Satz zu antworten.

DER OFFIZIAL: Wenn du bereit bist zu widerrufen, braucht es weiter keine Antwort.

LUTHER: So einfach ist die Sache nicht.

Der Offizial blickt zum Kaiser, der kurz nickt.

DER OFFIZIAL: Dann verteidige dich!

LUTHER: Kaiserliche Majestät! Verehrte Fürsten und Herren! Ich bin, wie mir befohlen worden ist, nach Worms gekommen, um mich vor Ihnen zu rechtfertigen, und bitte Sie, mir unvoreingenommen und ohne Vorurteil zuzuhören. Sollte ich jemand nicht mit seinem richtigen Titel ansprechen, so bitte ich im voraus um Nachsicht: Ich habe mein Leben nicht an einem Hof verbracht, sondern in einer Klosterzelle.

Die Bücher, die ich geschrieben habe, Majestät, muß man teilen. Die frommen Schriften kann ich unmöglich widerrufen, denn selbst meine Gegner geben zu, daß diese Bücher lesenswert für Christen sind; und wenn ich meine anderen Schriften, die sich gegen die Vorherrschaft des Papstes richten, widerrufe, handle ich wider meine Überzeugung, denn ich halte diese Kritik nach wie vor für notwendig. Den Vorwurf, ich trüge mit meinen Schriften dazu bei, Unruhe und Zwietracht in die Welt zu bringen, finde ich nicht schlimm. Unruhe und Zwietracht hat es um Gottes Wort stets gegeben. Es war für viele stets ein Ärgernis, ist es auch heute noch und wird es bleiben. Das ist der Lauf, der Weg, den Gottes Wort zu nehmen pflegt. Ein Herrscher, Majestät, der nur darauf aus ist, in seinem Land Ruhe und Ordnung zu behaupten, richtet sich zugrunde. Wenn das, was er unternimmt, um der Unruhe Herr zu werden, dazu führt, daß er die Wahrheit unterdrückt, muß er scheitern.

DER OFFIZIAL: Die Kirche sagt: Du bist ein Ketzer.

LUTHER: Der Prophet Amos sagt: Sie verabscheuen den, der ihnen die Wahrheit sagt.

DER OFFIZIAL: Wer sich gegen die päpstliche Gewalt auflehnt, Bruder Martin, ist ein Ketzer.

LUTHER: Ich habe nur gefordert, daß Leben und Lehre der Kirche übereinstimmen. Ist das zuviel verlangt? Ich stehe hier, weil ich nicht nur Mißstände, sondern auch deren Ursache aufgezeigt habe, weil ich zu fragen wagte, wie sich die Praktiken der Kirche mit den Vorschriften des Evangeliums vertragen.

Unruhe im Saal.

Doch davon will der Papst nichts hören. Er scheut das Wort Reform, als hätt's der Teufel erfunden. Das kommt daher, weil jene, die sie durchführen müßten, nicht bereit sind, etwas zu tun, was ihnen Nachteile bringt.

Unruhe im Saal. Der Kaiser spricht leise mit dem Kardinal.

DER OFFIZIAL *gedämpft zu Luther:* Wenn du nicht widerrufen magst, Bruder Martin, weil du vor enttäuschten Anhängern Angst hast, kann ich helfen.

Luther blickt ihn erstaunt an.

Mein Erzbischof sucht einen Prior für ein reiches Kloster. Ich könnte mir denken, daß du dich dort wohlfühlen würdest. Es gäbe für deine Fähigkeiten und Neigungen Aufgaben genug.

Luther schüttelt den Kopf. Der Kaiser winkt den Offizial zu sich und gibt ihm eine kurze Anweisung.

DER OFFIZIAL *zu Luther:* Komm zur Sache und zum Ende!

LUTHER *nimmt ein Buch und blättert darin:* Ich gebe zu, daß ich in einigen meiner Schriften heftig und ausfallend geworden bin, zuweilen auch grob, und im Zorn manches Wort hinschrieb, das sich für einen Mönch nicht schickt und das ich heute bereue. Ich bin kein Heiliger. Doch an meiner Kritik an der Kirche halte ich fest. Sie ist nur zu berechtigt. Bis zum Beweis des Gegenteils nehme ich keinen Vorwurf zurück. Warum sollte ich lügen? *Er lächelt.* Es wäre eine Lüge, Majestät, die nirgends geglaubt würde.

DER OFFIZIAL: Du willst also nicht widerrufen?

LUTHER: Nein.

Der Kaiser gibt dem Offizial eine kurze Anweisung.

DER OFFIZIAL: Der Kaiser befiehlt es dir!

Luther schweigt.

Du bist dem Kaiser Gehorsam schuldig.

LUTHER: Mein Gewissen läßt sich nichts befehlen. Ich kann dem Kaiser nicht gehorchen, denn es ist schlecht, etwas gegen sein Gewissen zu tun. Hier stehe ich. Ich kann nicht anders. Gott helf mir. Amen.

Der Kaiser springt auf und verläßt mit seiner Begleitung den Saal.

LUTHER: Ich bin hindurch!

21 Quartier des Kaisers in Worms

DER KAISER ARBEITET AN SEINEM SCHREIBTISCH. VOR IHM DER ERZBISCHOF VON MAINZ UND DER OFFIZIAL VON DER ECKEN. IM HINTERGRUND EIN SEKRETÄR.

DER OFFIZIAL: Sie haben den Vogel in der Hand, Majestät, und wollen ihn wieder fliegen lassen? Warum? Sie sind nicht verpflichtet, ein Versprechen, das Sie einem Ketzer gegeben haben, zu halten.

DER ERZBISCHOF: Luthers Verhaftung würde in Deutschland ungeheures Aufsehen erregen.

DER OFFIZIAL: Muß uns das kümmern?

DER ERZBISCHOF: Es könnte zu Unruhen kommen.

DER OFFIZIAL: Wichtiger ist, daß der Unruhestifter beseitigt wird.

DER ERZBISCHOF: Beseitigt? Wie denn? Wollen Sie ihn verbrennen?

DER OFFIZIAL: Die Majestät könnte Luther dem Papst ausliefern und dafür verlangen, daß dieser ihn mit seinen Truppen gegen Frankreich unterstützt. Einer kaiserlich-päpstlichen Armee ist die französische nicht gewachsen.

DER ERZBISCHOF: Ich rate, alles zu unterlassen, was die Zahl seiner Anhänger vermehrt und deren Fanatismus steigert. *Zum Kaiser:* Ich rate, behutsam vorzugehen.

DER KAISER: Nein. *Er erhebt sich.* Alle meine kaiserlichen und königlichen Vorfahren waren bis zu ihrem Tod getreue Söhne der Kirche und Verteidiger des katholischen Glaubens. Nach ihrem Beispiel habe ich bisher gelebt – und ich bin entschlossen, daran festzuhalten. Ein einzelner Mönch, der mit seiner Meinung gegen die gesamte Christenheit steht, muß irren – denn sonst hätte sich die Christenheit über tausend Jahre geirrt. Es wäre für uns alle eine große Schande, wenn diese Ketzerei durch unsere Nachlässigkeit den Weg in die Herzen der Christen fände. Deshalb werde ich meine ganze Macht, mein Blut und mein Leben dafür einsetzen, daß Luthers Lehre ausgerottet wird. *Diktiert seinem Sekretär:* Doktor Luther kann Worms verlassen, kann zurück nach Wittenberg. Aber ich ächte ihn als Ketzer. Alle seine Schriften sind verboten. Es ist verboten, ihn zu beherbergen, zu verköstigen oder ihm Hilfe zu gewähren. Ein jeder im Reich ist verpflichtet, ihn zu ergreifen und mir auszuliefern.

22 *In der Nähe von Eisenach*

DER WAGEN, IN DEM LUTHER NACH WITTENBERG UNTERWEGS IST, WIRD PLÖTZLICH VON ETLICHEN BEWAFFNETEN MÄNNERN UMRINGT.

DER KUTSCHER: Himmel! Heiland! Großer Gott! *Schreit:* Hilfe! *Er springt vom Bock und läuft davon.* Hilfe! Hilfe!

DER ANFÜHRER DER BEWAFFNETEN: Sie sind Doktor Luther?
LUTHER *ruhig:* Ja.
DER ANFÜHRER: Kommen Sie!
Luther steigt aus.
DER KUTSCHER *schreit:* Hilfe! Zu Hilfe!

23 *Druckerwerkstatt in Wittenberg*

KARLSTADT, DER DRUCKER GRUNENBERG UND SEINE BEIDEN GESELLEN.

GRUNENBERG *bestürzt:* Was wird erzählt?
KARLSTADT: Die einen sagen, man habe ihn umgebracht und die Leiche in einen Steinbruch geworfen. Andere behaupten, er sei gefangen und auf dem Weg nach Rom.
GRUNENBERG: Aber das sind doch nur Gerüchte!
KARLSTADT: Ja. Aber er hat Worms vor drei Wochen verlassen – und hier in Wittenberg ist er nicht angekommen.
GRUNENBERG *zu seinen Gesellen:* Das wird eine große Nachfrage nach seinen Schriften geben. Und wir haben nur noch geringe Vorräte! Vorwärts! Wir drucken noch einmal »Über die Freiheit eines Christenmenschen«.
EIN GESELLE: Das ist verboten, Meister!
GRUNENBERG: Verboten? Gewiß. Aber auch ein Geschäft.

24 Luthers Zimmer auf der Wartburg

DER AUGUSTINERMÖNCH GABRIEL UND EINE MAGD TRETEN EIN.

DIE MAGD: Er ist nicht da. Er wird sich im Schloßhof die Füße vertreten. Setz dich doch! *Sie betrachtet ihn prüfend.* Wo kommst du her, Pater?

BRUDER GABRIEL: Aus Sachsen.

DIE MAGD *kichert:* Aus Sachsen, wo die hübschen Mädchen wachsen . . . Bleibst du länger hier?

BRUDER GABRIEL: Nein.

DIE MAGD *wirft Holz in den Kamin:* Es wird bald Schnee geben. Die Nächte sind frostig. Heute morgen war der Brunnen zugefroren. Zu welchem Orden gehörst du, Pater?

BRUDER GABRIEL: Ich bin Augustiner.

DIE MAGD *rümpft die Nase:* Augustiner? Alles Ketzer, oder nicht?

BRUDER GABRIEL: Aber nein, gute Frau! Wer hat dir das erzählt?

DIE MAGD: Unser Pfarrer. Und der lügt nicht *Geht.*

Bruder Gabriel geht zum Fenster und blickt hinaus. Luther kommt. Er trägt einen Bart, Wams und Hose.

LUTHER: Bruder Gabriel! *Er umarmt ihn.*

BRUDER GABRIEL: Wir haben uns Sorgen um dich gemacht.

LUTHER: Mein Landesherr hat mich hierher bringen lassen. Hier auf der Wartburg bin ich in Sicherheit. Der Schloßhauptmann sagt jedem, der nach mir fragt, daß ich zu seiner adeligen Verwandtschaft gehöre.

BRUDER GABRIEL *Luther betrachtend:* Wie du aussiehst!

LUTHER *mit einem Achselzucken:* So sieht man aus, wenn man sich verstecken muß. *Er neigt den Kopf.* Sogar die Tonsur ist überwachsen. *Er holt eine Kanne Wein und füllt einen Becher.* Du hast doch Durst, nicht wahr?

BRUDER GABRIEL *nimmt den Becher:* Danke. *Er trinkt.* Wie verbringst du deine Zeit?

LUTHER: Wie man sie am besten verbringt: mit Arbeit. Ich übersetze die Bibel.

BRUDER GABRIEL *sieht ihn groß an:* Die Bibel?

LUTHER: Ja. Das Volk soll endlich selber lesen, was geschrieben steht. *Er zeigt ihm das Manuskript.* Es ist viel besser, mit eigenen Augen zu sehen als mit fremden.

BRUDER GABRIEL: Wenn ich das in Wittenberg erzähle ...

LUTHER: Hast du Briefe dabei?

BRUDER GABRIEL: Ja. *Er holt Briefe aus seiner Kutte.*

LUTHER: Danke. *Er gibt ihm Briefe.* Die mußt du mitnehmen. Verbirg sie gut!

Der Mönch steckt die Briefe in seine Kutte. Luther sieht die Briefe, die er erhalten hat, durch.

LUTHER: Ist von mir noch viel die Rede?

BRUDER GABRIEL: Mehr als genug.

LUTHER: Was wird erzählt? *Er öffnet einen Brief und liest ihn.*

BRUDER GABRIEL: Manche sagen, der Papst hätte dich ermorden lassen. Andere sagen, du wärst nach Böhmen geflohen.

LUTHER: Vorzüglich! So sucht mich niemand auf der Wartburg.

BRUDER GABRIEL: Obwohl es streng verboten ist, sind deine Bücher noch immer auf dem Markt. In den Städten werden dafür hohe Preise bezahlt. Deine Verleger drucken allerdings nicht nur deine Bücher, sie drucken mit dem gleichen Eifer Bücher gegen dich.

LUTHER: Verleger sind Geschäftsleute. Warum sollen sie nicht auf beiden Schultern tragen, wenn sie dabei doppelt verdienen können? *Er lacht.* Erzähl weiter! Wie geht es meinen Brüdern im Kloster? Sind alle gesund?

BRUDER GABRIEL: Ja. Aber sie sind sehr beunruhigt.

LUTHER: Worüber?

BRUDER GABRIEL: Im Augustinerorden gibt es heftige Auseinandersetzungen, die viel böses Blut machen.

LUTHER: Das ist ihnen peinlich? Das finden sie schlimm?

BRUDER GABRIEL: Ja.

LUTHER: Ich werde ihnen schreiben. *Er liest einen Brief.*

BRUDER GABRIEL: Es wird erzählt, daß du den Mainzer Erzbischof beleidigt hast. Du hättest ihm einen unverschämten Brief geschickt.

LUTHER: Er verkauft wieder Ablaß. Er lernt nichts dazu. Er erwarb als Reliquie eine Schüssel, in der Pilatus angeblich seine Hände gewaschen hat! Dazu konnte ich nicht schweigen. *Pause. Er überfliegt einen Brief.*

BRUDER GABRIEL *zögernd:* Ich habe noch eine Neuigkeit.

LUTHER: Ja?

BRUDER GABRIEL: Eine schlimme Nachricht, Bruder Martin.

LUTHER: Was ist geschehen, Bruder Gabriel?

BRUDER GABRIEL: Unsere Ordensbrüder in Antwerpen haben sich vom Papst losgesagt und deine Lehre angenommen.

LUTHER: Was ist daran schlimm?

BRUDER GABRIEL: Der Kaiser ließ alle Brüder einkerkern. Ihr Kloster ließ er niederbrennen. Danach forderte er sie zum Widerruf auf.

LUTHER: Haben alle widerrufen?

BRUDER GABRIEL: Zwei nicht. *Luther blickt ihn fragend an.* Sie sind als Ketzer auf dem Marktplatz von Brüssel verbrannt worden.

LUTHER *leise:* Mein Gott! Mein Gott! *Er schlägt die Hände vor das Gesicht und sitzt unbeweglich.* Verbrannt ... *Schreit:* Warum läßt Gott das zu? Warum duldet er, daß jene, die sein Wort verbreiten, umkommen? Warum? *Pause.* Warum? *Leise:* Mein Gott! Verbrannt, verbrannt ...

BRUDER GABRIEL *nach einer Pause:* Soweit hätte es nicht kommen dürfen, Bruder Martin.

LUTHER *schroff:* Wer ließ es soweit kommen? Warum kam's soweit? Bin ich schuld daran?

BRUDER GABRIEL: Schuldlos bist du nicht.

LUTHER: Wie hätte ich's verhindern können?

BRUDER GABRIEL: Du warst nie bereit, Bruder Martin, auch nur einen Fingerbreit nachzugeben. Keine versöhnliche Geste. Kein Einlenken. Kompromiß ist für dich ein ehrloses Wort.

LUTHER: Es geht um die wahre Religion!

BRUDER GABRIEL: Wie du sie verstehst.

LUTHER *entsetzt:* Bruder Gabriel! *Er faßt ihn an den Schultern.* Wir haben nächtelang miteinander gesprochen und gebetet. Das kannst du doch nicht vergessen haben! Deinem Zuspruch und deiner Zuversicht verdanke ich viel.

BRUDER GABRIEL: Ich kannte damals die Folgen nicht.

LUTHER *trommelt mit den Fäusten zornig auf den Tisch:* Die Folgen! Die Folgen!

BRUDER GABRIEL *schreit:* Fürchtest du sie denn nicht? *Pause.* Deinetwegen, Bruder Martin, stehen sich die Christen wie feindliche Brüder gegenüber.

LUTHER: Kein Christ ist mein Feind!

BRUDER GABRIEL: Aber du bist der Feind der Kirche! *Leise:* In Brüssel wurden zwei Lutheraner verbrannt.

LUTHER: Lutheraner? Christen!

BRUDER GABRIEL: Deine Anhänger. Sie werden nicht die letzten sein.

LUTHER: Willst du mir zum Vorwurf machen, daß ich mich bemühe, dem Evangelium in der Kirche wieder zu seinem Recht zu verhelfen? Warum haben wir einen Papst, der, sobald es ihm schwerfällt zu überzeugen, nur verbietet, richtet und straft? Warum läßt er uns keine Hoffnung für eine Reform?

BRUDER GABRIEL: Ich bitte dich: Gib Ruhe! Wenigstens für einige Zeit!

LUTHER: Kann ich das?

BRUDER GABRIEL: Und wenn noch mehr getötet werden?

LUTHER: Die Kirche geht einen falschen Weg, und ich werde so laut schreien, immer wieder, so lange ich es vermag, bis sie stehenbleibt, sich umsieht und erkennt, wie nahe sie am

Abgrund ist. Wenn sie auf dem Irrweg bleibt, wird bald das christlich gesinnte Handeln den Glauben ersetzen. Weißt du, was das hieße, Bruder Gabriel? Daß die unsterbliche Seele eine fromme Einbildung ist! Die Auferstehung des Fleisches eine erbauliche Legende! Das Jüngste Gericht eine Allegorie! Ein gebildeter Mann, hörte ich neulich, könne kein Christ sein. Die Kirche handelt wie eine Mutter, die ihrem Kind Erdichtetes erzählt, damit es sich gut, brav, freundlich benimmt; wie ein Arzt, der seinen Kranken zu ihrem Besten nicht die volle Wahrheit sagt. Dafür ist Christus nicht gekreuzigt worden!

Er spricht so leidenschaftlich und laut, daß er überhört, wie an die Tür geklopft wird. Die Magd tritt ein. Sie trägt ein Tablett mit Eßgeschirr.

LUTHER *ohne die Magd zu bemerken:* Es kommt auf den Glauben an, denn es kommt auf die Auferstehung an. Ohne Auferstehung ist unser Leben schal und nichtig. Wenn die Toten nicht auferstehen, sagt Paulus, dann laßt uns fressen und saufen, denn morgen sind wir tot. *Er erblickt die Magd unter der Tür und hält inne.*

DIE MAGD *lächelnd:* Ihr Essen, Junker Jörg! *Sie stellt das Tablett auf den Tisch.*

LUTHER: Danke, Margret. Aber ich habe heute keinen Hunger.

DIE MAGD *öffnet eine Schüssel:* Thüringer Klöße!

LUTHER: Ich kann nichts essen, Margret. Es tut mir leid.

DIE MAGD: Ist Ihnen nicht gut?

LUTHER: Doch. Doch.

DIE MAGD: Dann wärme ich Ihnen die Klöße am Abend auf. *Sie beugt sich zu ihm.* Was Sie eben gesagt haben, das haben Sie sehr schön gesagt. *Sie lächelt.* Sie wären ein guter Pfarrer geworden! *Geht.*

25 *Rom. In den Gemächern des Papstes*

DER PAPST LEO X. UND KARDINAL CAJETAN HÖREN EINEM KNABENQUARTETT ZU.

DIE VIER KNABEN *singen:* Quant è bella giovinezza,
che si fugge tuttavia!
Chi vuol esser lieto, sia:
di doman non c'è certezza.

Der Papst summt lächelnd die Melodie mit. Cajetan sitzt steif in seinem Sessel.

DER PAPST *leise:* Herrliche Stimmen!

CAJETAN: Ja, Heiliger Vater. Aber wir wollten über Deutschland sprechen.

DER PAPST *verzieht das Gesicht:* Läßt sich das nicht aufschieben?

CAJETAN: Nein.

Der Papst blickt Cajetan bekümmert an, seufzt, gibt dann den Knaben einen Wink. Diese hören auf zu singen.

DER PAPST: Ich danke euch, liebe Kinder.

Die Knaben verbeugen sich und gehen ab.

DER PAPST: Es geht mir nicht gut. Meine Darmfistel. Ekelhaft. Ich weiß nicht mehr, was ich essen und trinken soll. Die Ärzte haben mir fast alles verboten. *Er seufzt.* Sie haben Geschwüre an den Beinen, hörte ich.

CAJETAN: Ja.

DER PAPST: Schlimme Geschwüre?

CAJETAN *sachlich:* Von hier bis hier. *Er zeigt es.*

DER PAPST: Um Gottes willen! Und Ihr Arzt hat Ihnen erlaubt aufzustehen?

CAJETAN: Ich habe ihn nicht um Erlaubnis gefragt.

Der Papst summt einige Takte der eben gehörten Melodie, dann winkt er einem Prälaten.

DER PRÄLAT *kommt eilig herbei:* Eure Heiligkeit?

DER PAPST: Gib jedem der Knaben zehn Goldstücke!

Der Prälat verbeugt sich und geht ab.

CAJETAN *vorwurfsvoll:* Heiliger Vater!

DER PAPST: Haben sie nicht himmlisch gesungen?

CAJETAN: Ein Goldstück hätte genügt.

DER PAPST *lächelt:* Jeder Mensch hat seine Schwächen. Ich sehe gern zufriedene Gesichter um mich.

CAJETAN: Die hohen Schulden der Kirche, Heiliger Vater . . .

DER PAPST *unterbricht ihn:* An die müssen Sie mich nicht jeden Tag erinnern!

CAJETAN: Aus Deutschland kommt fast kein Geld mehr.

DER PAPST *mit einem Seufzer:* Damit sind wir beim Thema. *Pause.* Was haben Sie von Luther gehört?

CAJETAN: Er ist noch immer verschwunden.

DER PAPST: Aber er lebt noch?

CAJETAN: Ich zweifle nicht daran.

DER PAPST: Die deutschen Fürsten sind verpflichtet, ihn zu suchen, zu finden und auszuliefern.

CAJETAN: Dazu sind sie verpflichtet, das wissen sie, und sie geben sich auch Mühe, sagen sie, dieser Verpflichtung nachzukommen, doch keiner, nicht ein einziger denkt daran, auch nur einen Finger zu rühren.

DER PAPST: Das werde ich ihnen nicht so bald vergessen.

CAJETAN: Wir dürfen ihnen nicht unrecht tun, Heiliger Vater. Gegen Luther vorgehen, das heißt heute in Deutschland: das Evangelium, die heilige Wahrheit unterdrücken. Das wagt kein Fürst.

Pause. Der Papst schweigt.

Das Unkraut geht auf, Heiliger Vater. Es breitet sich aus und wurzelt sich fest. Unsere Saat steht daneben kümmerlich. Es gibt deutsche Städte, in denen es lebensgefährlich ist, ein Wort gegen Luthers Lehre zu sagen. Sie können nicht erwarten, daß Ihre Anordnungen befolgt werden. Niemand gehorcht mehr, denn jeder spürt, daß Ungehorsam keine Folgen hat.

Pause. Der Papst schweigt.

Viele Christen warten auf eine Kirchenreform. Wie lange müssen sie noch warten, Heiliger Vater?

DER PAPST: Wir hatten Krieg. Der Sieg über Frankreich war wichtig, denn er festigt die Macht der Kirche. Endlich haben wir Parma und Piacenza zurückerobert.

CAJETAN: Sie wissen, was mich vor allem bekümmert: Es sind nicht die Schlechtesten, die zu Luther übergehen. Erlauben Sie mir bitte, daß ich Pläne für eine Kirchenreform ausarbeite.

DER PAPST: Ich habe nichts dagegen, lieber Kardinal. Ich bin durchaus gewillt, Reformen durchzuführen, notfalls auch durchzusetzen, wenn es sich machen läßt.

CAJETAN: Es muß sich machen lassen, Heiliger Vater.

DER PAPST *müde:* Ja, ja.

CAJETAN: Sehr bald. Sonst bauen die Deutschen eine neue Kirche auf.

DER PAPST: Das läßt der Kaiser niemals zu!

CAJETAN: Er wird es nicht verhindern können.

26 *Kirche in Wittenberg*

AUF DEN STUFEN EINES ALTARS, DEN EIN MIT REICHEM SCHNITZWERK UMGEBENES ALTARBILD ZIERT, STEHT KARLSTADT. UM IHN HERUM ZAHLREICHE ZUSCHAUER, DARUNTER VIELE FRAUEN UND KINDER.

KARLSTADT: Jahrhundertelang, liebe Brüder und Schwestern, ist das Evangelium unterdrückt worden! Die Frohe Botschaft war verurteilt, in der Finsternis zu leben, eingesperrt und bewacht von den römischen Päpsten. Damit ist's vorbei! Wir haben es befreit! Heute leuchtet es uns heller und wär-

mer als tausend Sonnen. Jetzt ist es an der Zeit, liebe Brüder und Schwestern, daß wir auch unsere Kirchen befreien, daß wir aus ihnen würdige Gotteshäuser machen, ohne goldnen Trödelkram und Flitter, ohne alles weltliche Brimborium.

Ein Teil der Zuschauer klatscht Beifall.

KARLSTADT: Die Meßbücher zerreißen wir! *Er zerreißt ein Meßbuch.* Die Reliquien kommen zum Kehricht! *Er schüttet den Inhalt eines Reliquienschreins auf den Boden und trampelt darauf herum.* Und alle heidnischen Schmierereien werden zerstört!

Er steigt mit einer Axt auf den Altar. Ein Teil der Zuschauer klatscht Beifall. Karlstadt hebt die Axt, um das Altarbild zu zerstören.

DER REKTOR *drängt sich vor und schreit:* Um Gottes willen! Nein! Nein! Hören Sie auf!

KARLSTADT: Was wollen Sie?

DER REKTOR: Das dürfen Sie nicht!

KARLSTADT: Wer sagt das?

DER REKTOR: Es sind Kunstwerke! Wertvolle Kunstwerke! Sie sind nicht Ihr Eigentum!

KARLSTADT: Wir brauchen diese Götzenbilder nicht mehr!

DER REKTOR *weinerlich:* Wenn Sie die Altarbilder nicht in der Kirche haben wollen ... dann kann man sie doch anderswo aufstellen ...

KARLSTADT: Damit sie anderswo Schaden stiften und zum falschen Glauben verführen? Nein!

Er zerschlitzt mit der Axt das Altarbild. Ein Teil der Zuschauer klatscht Beifall. Der Rektor schlägt die Hände vors Gesicht und sinkt auf die Altarstufen.

EINE FRAU *beugt sich zu dem Rektor:* Ist Ihnen nicht gut?

DER REKTOR *stöhnt:* Eine Krönung der Maria!

KARLSTADT: Maria ist nie gekrönt worden. Wo denn? Wann denn? Lauter Märchen!

Er stürzt das Altarbild um, dann steigt er vom Altar und beginnt mit einem seiner Anhänger, der auch eine Axt mitgebracht hat, das Schnitzwerk zu zertrümmern. Der Rektor steht schweigend auf und geht zum Ausgang. Währenddessen beginnt ein Teil der Zuschauer im Takt der Axtschläge zu singen.

DIE ZUSCHAUER *singen:* Der heilige Sebastian!
Der heilige Gehtmichnichtsan!
Der heilige Sankt Nikolaus!
Der heilige Scherdichhinaus!

EINE STIMME *plötzlich und laut:* Was geht hier vor?

Stille. Karlstadt und sein Gehilfe lassen die Äxte sinken und blikken sich um. Unter der Kirchentür steht Luther, der einen Bart, Wams und Hose trägt. Er geht zu dem umgestürzten Altar.

DER REKTOR *verdutzt:* Mein Gott! Das ist doch . . .!

Luther reicht ihm die Hand.

DER REKTOR: Gut, daß Sie kommen, Doktor Luther! Schauen Sie sich gründlich um! Hier wird geerntet, was Sie gesät haben. Ich habe Sie gewarnt, und nicht nur einmal. Aber Sie waren viel zu hochmütig, um auf mich zu hören. Nun sehen Sie zu, wie Sie mit diesen Verrückten fertig werden.

LUTHER *betrachtet den zerstörten Altaraufsatz:* Wer ist der Anstifter?

DER REKTOR: Dort steht er! Der Karlstadt!

LUTHER *ungläubig:* Der Doktor Karlstadt?

DER REKTOR: Er ist Ihr eifrigster Anhänger in Wittenberg. Er bestimmt, was an der Universität zu geschehen hat. Ein Rektor hat nicht mehr viel zu sagen. Er führt auch in der Stadt das große Wort. Wenn er kommt, duckt sich der Bürgermeister. Er predigt mit Schaum vor dem Mund. Ist Ihnen das neu?

KARLSTADT *kommt auf Luther zu und gibt ihm die Hand:* Grüß Gott, Doktor Luther. *Lachend:* Es gibt noch immer Leute in Wittenberg, die nicht begreifen wollen, was eine Kirchenreform an Haupt und Gliedern ist. *Er zeigt auf den Rektor.* Er wird nicht müde, uns Steine in den Weg zu werfen. *Zum Rektor:* Aber es ist umsonst. Sie halten uns nicht auf.

LUTHER *zeigt auf das zerstörte Altarbild:* Warum haben Sie das gemacht?

KARLSTADT: Hätte ich um Erlaubnis fragen müssen?

LUTHER: Ich wüßte gern den Grund.

KARLSTADT: Wir wollen eine reine Kirche, schlicht und einfach, ohne römischen Firlefanz, einen sauberen Tempel, wo nichts von Gottes Wort ablenkt.

LUTHER: Wenn die Heiligenbilder der Gemeinde mißfallen, dann sollen sie entfernt werden. Aber man muß sie nicht zerstören!

KARLSTADT: Doch! Denn es gibt noch immer Leute, die diese bemalte Leinwand anbeten.

LUTHER: Es gibt auch Leute, die Sonne, Mond und Sterne anbeten. Wollen Sie deshalb die Gestirne vom Himmel reißen? Sie sollten Ihre Axt nach Hause tragen, Doktor Karlstadt. Gegen die Einrichtungen der römischen Kirche müssen wir predigen und schreiben. Überzeugen kann nur Gottes Wort. Ich bin auch gegen Hast und Ungeduld. Es muß nicht alles von einem Tag zum andern anders werden. Wer beim alten Glauben bleiben will, soll bleiben. Man soll keinem drohen, niemand zwingen. Was taugt ein Glaube, der verordnet wird?

DER REKTOR: Das sollten Sie am Sonntag der Gemeinde von der Kanzel sagen, Doktor Luther, und zwar mit allem Nachdruck, denn viele sind verstört.

LUTHER: Verstört? Warum?

DER REKTOR *zeigt auf Karlstadt:* Fragen Sie ihn!

LUTHER *zu Karlstadt:* Was meint er?

KARLSTADT: Ich bin dabei, das Gemeindeleben in Wittenberg neu zu ordnen.

LUTHER: Mit welchem Ziel?

KARLSTADT: Ich will eine religiöse Erneuerung.

LUTHER: Wie soll die aussehen?

KARLSTADT: Die Gemeinde lehnt fortan jeden Luxus ab und gründet eine Unterstützungskasse für die Armen. Ich habe alle Bordelle geschlossen und die Hälfte der Bierwirtschaften. Viele kirchliche Feiertage sind abgeschafft, denn Paulus sagte: Wer nicht arbeiten will, der soll auch nicht essen.

DER REKTOR *zu Luther:* Sie sollten ihn noch fragen, warum er die Universität auflöst.

KARLSTADT *zu Luther:* Dieser alte Mann haßt mich. Er ist ein Anhänger des Papstes. Er berichtet heimlich nach Rom, was in Wittenberg vor sich geht.

DER REKTOR *schreit:* Sie Lügner! Sie elender Lügner!

LUTHER *ruhig zu Karlstadt:* Was ist an der Universität los?

KARLSTADT: Ich habe die Hörsäle ausgeräumt. Ich habe alle Studenten aufs Land geschickt.

LUTHER *verwundert:* Aufs Land? Warum?

KARLSTADT: Sie sollen einmal eine Hacke in die Hand nehmen, nicht immer nur Lehrbücher. Sie sollen die Handarbeit lernen und arbeiten, bis sie an den Händen Schwielen haben. Denn Gott hat zu Adam gesagt: Im Schweiß deines Angesichts sollst du dein Brot essen.

DER REKTOR *sarkastisch:* Es gibt in Wittenberg viel für Sie zu tun, Doktor Luther.

KARLSTADT *zu Luther:* Sie wollen hierbleiben?

LUTHER: Warum nicht?

KARLSTADT: Sie sind vom Papst gebannt und vom Kaiser geächtet!

LUTHER: Die Gemeinde braucht mich. Vor allem die Schwachen unter ihnen.

DER REKTOR: Kümmern Sie sich um die Universität, Doktor Luther! Ich bitte Sie!

KARLSTADT *heftig:* Wozu brauchen wir eine Universität?

LUTHER: Zum Studium der Bibel, Herr Kollege!

KARLSTADT: Eine unnütze Arbeit!

LUTHER *verblüfft:* Wie?

KARLSTADT: Der Geist weht, wo er will!

Karlstadt geht ab. Die Kirche leert sich. Einige Frauen kommen auf Luther zu.

DIE ERSTE FRAU: Den Pfarrer von Coswig hat er auf die Straße geworfen, Pater Martin.

DIE ZWEITE FRAU: Er hat auch die Wallfahrtskapelle bei Mochau zerstört.

DIE DRITTE FRAU: Das Öl für die Letzte Ölung hat er in den Rinnstein gegossen, Pater Martin. Haben Sie das gewußt?

LUTHER: Nein. Ich wußte es nicht.

DIE ERSTE FRAU: Den Pfarrer von Coswig, Pater Martin, davongejagt während der Messe, wie einen Köter, der nicht ins Haus gehört.

LUTHER: Er wird es nicht mehr tun. *Zum Rektor:* Hat der Doktor Karlstadt viele Anhänger?

DER REKTOR: Nein, nicht viele.

LUTHER: Warum lassen ihn die Bürger dann gewähren?

DER REKTOR *achselzuckend:* Man hält sich heraus, will nichts damit zu tun haben, will seine Ruhe haben, wie es eben so ist. *Er kniet nieder und betrachtet das zerstörte Altarbild.* Mein Gott! *Er versucht, die Fetzen des Bildes zu glätten und wieder zusammenzusetzen.* Welch ein Verlust! Ein Altarbild von Dürer!

LUTHER: Gott sei Dank ist keinem Menschen etwas zugestoßen. *Zu den Frauen:* Ich will nicht, daß jemand gezwungen wird, die Kirche zu verlassen. Jeder kann es halten, wie er mag, kann zur Messe gehen oder nicht, kann im Kloster bleiben oder nicht, kann wallfahrten und den Fronleichnam feiern oder nicht. Aber ein jeder soll sich um seine Nächsten kümmern, wie es uns Jesus vorgelebt hat. *Er verläßt die Kirche.*

27 *In einem Kloster in Hessen*

DER LANDGRAF PHILIPP VON HESSEN, DEN SEIN SYNDIKUS UND EINIGE HOFLEUTE BEGLEITEN. VOR IHM DIE ÄBTISSIN DES KLOSTERS, EINE WÜRDIGE ALTE DAME.

DER LANDGRAF: Ist es wahr, verehrte Mutter, was ringsum überall erzählt wird? Daß in der vorigen Woche ein Dutzend Ihrer Nonnen bei Nacht aus dem Kloster schlich und mit einer Leiter über die Mauer stieg, wo etliche Kerle mit einem Wagen warteten, die mit ihnen davonfuhren?

DIE ÄBTISSIN: Es ist leider wahr, Euer Gnaden.

DER LANDGRAF: Man hat nichts mehr von ihnen gehört?

DIE ÄBTISSIN: Sie sollen nach Kassel gefahren sein. Andere sagen, sie sind Richtung Wittenberg. Eine große Schmach für unser Kloster. So etwas ist noch nie vorgekommen. Ich bin empört und betrübt. Ich weiß nicht, warum uns Gott so hart straft.

DER LANDGRAF: Der Vorfall wird bald vergessen sein, verehrte Mutter.

DIE ÄBTISSIN: Daß über unser Kloster gespottet wird, werde ich nie vergessen können.

DER LANDGRAF *jovial:* Es gibt Klöster in Hessen, verehrte Mutter, in denen noch viel mehr Nönnchen heimlich über die Mauer geklettert sind.

DIE ÄBTISSIN *mißtrauisch:* Weshalb sind Sie gekommen? Nur wegen dieses Vorfalls?

DER LANDGRAF: Es ist die Pflicht des Landesherrn, die Klosterreform zu überwachen. Ich will mich an Ort und Stelle überzeugen, daß sie korrekt durchgeführt wird. Wie viele Nonnen sind noch in Ihrem Kloster, verehrte Mutter?

DIE ÄBTISSIN: Siebzehn.

DER LANDGRAF: Wollen einige davon das Kloster verlassen?

DIE ÄBTISSIN: Ja.

DER LANDGRAF: Wer gehen will, kann gehen. Wer bleiben will, mag bleiben.

DIE ÄBTISSIN: So einfach ist es nicht, Euer Gnaden. Was Sie fordern, ist unmöglich.

DER LANDGRAF: Nur in Ihren Augen, verehrte Mutter.

DIE ÄBTISSIN: Die Nonnen haben ein Gelübde abgelegt. Vor Gott. Das können sie nicht brechen.

DER LANDGRAF: Mhm. *Er blickt ratsuchend zu seinem Syndikus.*

DER SYNDIKUS: Sie müssen es nicht brechen – es ist ungültig.

DIE ÄBTISSIN *verblüfft:* Ungültig?

DER SYNDIKUS *zum Landgrafen:* Nötigung. Vis compulsiva.

DIE ÄBTISSIN *zum Landgrafen:* Wer ist dieser Herr?

DER LANDGRAF: Mein Syndikus. Er sorgt dafür, daß alles seine gesetzliche Ordnung hat. *Zu dem Syndikus:* Die Gelübde sind ungültig, ganz klar. *Zur Äbtissin:* Neulich habe ich das Franziskanerkloster in Marburg aufgelöst. Der Prior hat geheiratet. Ein Mönch ist Schuster geworden, ein anderer Salzhändler. Einer will eine Metzgerswitwe heiraten und lernt jetzt das Schlachten. Was soll aus den Nonnen werden, die das Kloster verlassen, verehrte Mutter?

DIE ÄBTISSIN: Sie wollen zu Eltern oder Verwandten.

DER LANDGRAF: Sagen Sie den Schwestern, daß draußen Wagen stehen. Sie können gleich mitkommen.

Die Äbtissin geht ab.

DER LANDGRAF: Wissen Sie, wie alt das Kloster ist?

DER SYNDIKUS: Über dreihundert Jahre.

DER LANDGRAF: Mhm. Ein hübscher Besitz.

DER SYNDIKUS: Spenden, Schenkungen, Stiftungen, Vermächtnisse: in dreihundert Jahren kommt einiges zusammen, Euer Gnaden.

DER LANDGRAF: Man sieht's.

DER SYNDIKUS: Achthundert Morgen Wald. Alter Baumbestand. Schlagreifes Holz. Mehr als hundert Morgen Ackerland. Fetter Boden durchweg. Und Wiesen und Weiher.

Vierzehn Nonnen, die ihre geringen Habseligkeiten tragen, kommen und ziehen im Gänsemarsch vorüber. Der Landgraf und seine Begleiter betrachten sie schweigend. Eine Nonne bleibt vor dem Landgrafen stehen.

DIE NONNE: Danke!

DER LANDGRAF *leicht verlegen:* Bitte.

DIE NONNE: Es war ein Gefängnis. *Geht.*

Als die letzte Nonne hinausgegangen ist, kommt die Äbtissin zurück.

DER LANDGRAF: Und wer ist jetzt noch im Kloster, verehrte Mutter?

DIE ÄBTISSIN: Drei Schwestern und ich.

DER LANDGRAF: Machen Sie sich bitte reisefertig.

DIE ÄBTISSIN: Euer Gnaden!

DER LANDGRAF: Sie können nicht zu viert in diesem großen Kloster bleiben. Das ist ausgeschlossen. Sehen Sie das bitte ein, verehrte Mutter. Draußen, rechts vom Eingang, steht ein Planwagen, der Sie und Ihre Schwestern in ein Kloster nach Frankfurt bringen wird.

Die Äbtissin geht ab.

DER LANDGRAF: Mein Hofprediger hat angefragt, ob er seine Köchin heiraten darf. Immer zu, habe ich gesagt. Ich nehme an, daß das einzig Neue für die beiden der Ring am Finger ist.

DIE ÄBTISSIN *kommt zurück:* Die Schwestern Klara, Katharina und Maria weigern sich, das Kloster zu verlassen, Euer Gnaden. Sie sind verzweifelt und weinen.

DER LANDGRAF: Aber, aber! Wieso denn das? Niemand wird sie anrühren, niemand wird sie belästigen. Davor brauchen die Damen wirklich keine Angst zu haben. Ich verspreche es.

DIE ÄBTISSIN: Wir wollen nicht nach Frankfurt.

DER LANDGRAF: Verehrte Mutter . . .

DIE ÄBTISSIN: Wenn wir unser Kloster verlassen müssen, dann

wollen wir nach Österreich, in ein Kloster in Tirol oder in Kärnten.

DER LANDGRAF: Warum so weit fort?

DIE ÄBTISSIN: Wir wollen nicht in diesem Ketzerland bleiben.

DER LANDGRAF *leicht ungehalten:* Gut. Meinetwegen.

Die Äbtissin geht ab.

DER LANDGRAF *blickt aus dem Fenster:* So weit man schauen kann: nur Wald, nichts als Wald. Während der Fahrt habe ich ein Dutzend Rehe beim Äsen gesehen. Ich hatte früher einmal den Plan, hier in der Nähe ein Jagdschloß zu bauen.

Die Äbtissin kommt mit drei Nonnen, die ihre geringen Habseligkeiten tragen.

DER LANDGRAF *verblüfft:* Donnerwetter! Heiliger Schlappsack!

DIE ÄBTISSIN *indigniert:* Wie, bitte?

DER LANDGRAF: Die drei sind ja viel hübscher als die anderen! Also das verstehe, wer will! Die Mädchen sind so gut gewachsen, die brauchen nicht lange nach einem Mann zu suchen, den finden sie im Handumdrehen. *Zu den drei Nonnen:* Warum heiratet ihr nicht, liebe Kinder?

DIE ÄBTISSIN *empört:* Euer Gnaden!

DER LANDGRAF: Paulus sagt: Heiraten ist besser als von der Begierde verzehrt werden.

DIE ÄBTISSIN *bissig:* Das ist vermutlich das einzige Bibelwort, das Sie kennen.

DER LANDGRAF: Gott sagte zu den Menschen: Seid fruchtbar und vermehret euch!

DIE ÄBTISSIN: Das hat er auch zu den Tieren gesagt. *Sie gibt den drei Nonnen einen Wink, worauf diese hinausgehen.* Was soll aus dem Kloster werden? Wer wird sich darum kümmern?

DER LANDGRAF: Ich.

DIE ÄBTISSIN *sieht ihn erstaunt an.*

DER LANDGRAF: Herrenloses Klostergut geht in den Besitz der Grafschaft über.

DIE ÄBTISSIN: Sie meinen in Ihren Besitz, Euer Gnaden.

DER LANDGRAF: Der große Doktor Luther hat gesagt: Es geht ihm um die Herzen. Erde, Steine und Holz interessieren ihn nicht.

28 *Wittenberg. Hörsaal der Universität*

STREITGESPRÄCH ZWISCHEN LUTHER UND THOMAS MÜNTZER. UNTER DEN ZUHÖRERN VIELE STUDENTEN; AUCH GEISTLICHE SIND ZU SEHEN. MÜNTZER HAT EINEN STARKEN ANHANG MITGEBRACHT, DER VOR ALLEM AUS BAUERN UND HANDWERKSGESELLEN BESTEHT.

LUTHER: Wir sind dabei, dem Papst die größte Freude seit langem zu machen. Wenn er von unseren Streitigkeiten hört, wird er wieder Hoffnung schöpfen. Etwas Besseres konnte nicht geschehen, wird man in Rom staunend und jubelnd sagen. Der Jubel ist berechtigt. Was weder dem Papst noch dem Kaiser gelungen ist, nämlich unsere evangelische Sache zu schwächen, das schaffen wir nun blindwütig selbst. Du solltest einsehen, daß wir unseren Feinden keinen größeren Gefallen tun können, und nüchtern die Folgen bedenken. Wir sind nicht so stark, daß wir es uns leisten können, unsere Kräfte im internen Streit zu vergeuden.

MÜNTZER: Der Streit zwischen uns hat nur eine Ursache, Luther: deine Halbherzigkeit. Du wirfst mir vor, daß mir nicht genügt, was du erreicht hast, daß ich auf dem Weg, den du eingeschlagen hast, weiter gehen will als du. Das läßt sich auch umdrehen, Luther. Ich werfe dir vor, daß du dich zufriedengibst mit dem, was du erreicht hast, daß du auf dem richtigen Weg warst, aber stehengeblieben bist, anstatt noch ein paar Schritte vorwärtszugehen.

LUTHER: Ich tue, was ich kann, damit möglichst viele Gottes

Wort hören. Mehr kann unsereiner nicht tun, Müntzer. Wenn du mir helfen willst, dann rede, schreibe, lehre, predige wie ich.

MÜNTZER: Das ist notwendig, Luther, aber nicht genug. Wir müssen das Evangelium verteidigen, Luther, gegen alle, die es noch unterdrücken und mißachten.

LUTHER: Die Frohe Botschaft läßt sich nicht unterdrücken, Müntzer, sie ist so wenig zum Schweigen zu bringen wie die Lerchen im Frühling. Sieh dich doch um! Das Evangelium breitet sich immer weiter aus, trotz Kaiser und Papst, immer mehr bekennen sich zu ihm. Und nun willst du kommen und unserer Sache schaden?

MÜNTZER: Im Gegenteil! Ich will ihr auf die Sprünge helfen!

LUTHER: Mit falschem Eifer!

MÜNTZER: Wenn du mich einen Eiferer nennst, nenne ich dich einen Zauderer.

Ein Raunen der Mißbilligung geht durch den Saal.

LUTHER: Als der Papst noch mächtig war, habe ich mich nicht in einen Winkel verkrochen und hinter verschlossenen Türen gepredigt, sondern habe meinen Gegnern Rede und Antwort gestanden. Daß du jetzt gefahrlos das Maul aufreißen kannst, verdankst du dem Mut anderer.

Beifälliges Murmeln.

MÜNTZER: Paulus hat geschrieben: Wir sind alle Kinder Gottes. Alle sind gleich: Mann und Frau, Groß und Klein, Arm und Reich, Herr und Knecht. Davon wollen unsere Fürsten nichts wissen. Du hast gesagt, daß der Papst kein Recht hat, über uns Macht auszuüben, denn die göttlichen Befugnisse, auf die er sich beruft, bestehen nur in seiner Einbildung. Da hast du was Wahres gesagt. Doch warum hast du nicht weitergedacht? Wie steht's mit den Fürsten, Luther? Woher haben sie das Recht, in Deutschland zu regieren? Von Gott, sagen sie, von Gottes Gnaden, wie der Papst.

Gemurmel. Leichte Unruhe im Saal.

MÜNTZER: Du hast dem Papst den Gehorsam verweigert und bist deinem Gewissen gefolgt. Warum verweigern wir nicht auch den Fürsten den Gehorsam? Warum sollen wir nicht auch in weltlichen Dingen unserem Gewissen folgen?

LUTHER: Du läßt außer acht, Müntzer, daß Paulus geschrieben hat: Christen sind der staatlichen Gewalt Gehorsam schuldig. – Gott hat uns in die Welt geworfen, nicht ins Paradies. Die Bösen sind in der Überzahl. Deshalb muß es eine Regierung geben, die den Guten schützt und den Bösen im Zaum hält. Die Regierung hat kein Recht über den Glauben, aber sie hat das Recht, für Ordnung zu sorgen.

MÜNTZER: Sorgt sie denn für Ordnung? Und wenn sie für Ordnung sorgt, wie sieht diese Ordnung dann aus? Davon scheinst du herzlich wenig zu wissen. Der Herr Professor geht nur selten über Land, kommt nur selten in ein Dorf. Er hat den Geplagten nichts zu sagen.

LUTHER: Doch. Ich sage wie Paulus: Strebt nach Gerechtigkeit und Frömmigkeit, nach Glauben, Liebe, Sanftmut und Geduld. Was ist unser Leben? Eine Vorbereitung auf das zukünftige. Ein Schatten, den man eine Weile sieht, dann verschwindet er wieder. Es bleibt uns nur, uns in Gottes Willen zu ergeben. Er weiß den Weg. Er wird's recht machen.

MÜNTZER: Viele schreien in ihrer Not: Wir haben genug erduldet! Es muß einmal ein Ende haben!

LUTHER: Ich kann's verstehen. Trotzdem müssen wir dem Evangelium folgen. Augustinus sagte: Je mehr ich deinem Willen gehorche, Herr, desto freier fühle ich mich.

Müntzers Anhänger murren.

LUTHER: Der Staat existiert nur, weil die Menschen keine Christen sind, und muß bleiben, solange noch nicht alle Christen sind. Wäre jeder ein gläubiger Christ, würde die christliche Liebe alle strittigen Fragen lösen, dann bräuchte

die Welt weder Kaiser noch Kanzler, weder Recht noch Gesetz. Das Gesetz, schreibt Paulus, ist nicht für die Gerechten gemacht, sondern für die Ungerechten.

MÜNTZER: Was du da sagst, Luther, heißt auch: Unsere Fürsten können so niederträchtig, so räuberisch sein, wie sie mögen, sie brauchen keine Angst zu haben, sie haben nichts zu fürchten, denn Doktor Martin Luther stellt ihnen für ihre Schändlichkeiten noch einen Freibrief aus. Sie sitzen fest, sicher und unbezweifelt an der Macht, während das arme Volk seine Tage ohne Hoffnung dahinlebt. Wenn ich ein deutscher Fürst wäre, Luther, würde ich dir dankbar auf die Schulter klopfen und eine goldene Kette um den Hals hängen.

Gelächter.

LUTHER *zornig*: Nimm das zurück!

MÜNTZER: Worüber empörst du dich, Luther? Was verwundert dich denn? Die Armen verlangen mehr Brot und mehr Rechte – und du speist sie mit Bibelworten ab!

Beifall.

Der einfache Mann, der vom ersten Licht bis zur Nacht wie ein Vieh arbeiten muß, will wissen, Luther, ob im Evangelium etwas von der Leibeigenschaft steht!

LUTHER *energisch*: Die Welt ist so, wie sie ist, und Gott wird wissen, warum er sie so und nicht anders gemacht hat. Daß die Herren, die uns regieren, wenig taugen, das weiß ich so gut wie du, Müntzer. Sie mißbrauchen ihre Macht, das weiß ich, kommen ihren Pflichten nicht nach, das weiß ich auch, sorgen mehr für ihr Wohl als fürs allgemeine, das ist alles bekannt, und wahrscheinlich hat jeder noch mehr Sünden auf dem Gewissen, als wir ahnen, das weiß Gott. Und der will und wird sie strafen. Sie werden nicht billig davonkommen. Sie werden den Lohn erhalten, den sie verdienen, oder zweifelst du daran?

MÜNTZER: Die Aussicht, daß seine Peiniger im Jenseits bestraft werden, richtet den Unterdrückten nicht auf. Daß die Mächtigen nach ihrem Tod für ihre Sünden büßen müssen, ist für den Geplagten kein Trost.

Zustimmung, vor allem unter seinen Anhängern.

Warum willst du die Ungeduld des Volkes nicht begreifen? Es will nicht länger hinnehmen, daß Gottes Wort dazu mißbraucht wird, Ungerechtigkeit zu rechtfertigen. Ich glaube, daß Gott an seinem Volk mehr gelegen ist als an dem Fürstenpack, das uns mutwillig regiert.

Breite Zustimmung.

Warum darf sich nicht auch der Christ bewaffnen? Warum darf er nicht die Friedliebenden schützen und seine Feinde einschüchtern? Warum soll er nicht für Gottes Sache streiten? Hat nicht auch Christus Aufruhr gemacht?

LUTHER: Es ist nicht erlaubt, mit Waffen und Blutvergießen für das Evangelium zu streiten. Es ist verboten, hörst du? Ich werde alles tun, damit es nicht soweit kommt.

Unruhe unter Müntzers Anhängern.

Auch Christus hat Aufruhr gemacht, da hast du recht, aber nicht mit den Fäusten, sondern mit dem Mund. Mit dem Wort! Und es ist sein Wort, das heute den Aufruhr gegen den Papst macht. Du überschätzt die Waffen, die Gewalt. Nur das Evangelium hilft uns weiter, Müntzer. Wir müssen weiterhin die christliche Wahrheit unter die Leute bringen. Unsere Gegner fürchten unsere Frömmigkeit mehr als unsere Fäuste. Der Papst ist schwach und machtlos geworden – durch das Wort! Kein Kaiser und kein König hat ihn mit Waffen jemals so in die Enge getrieben. Warum sollen wir den Weg, auf dem wir so weit vorwärts gekommen sind, leichtfertig verlassen? Das dürfen wir nicht! Es wäre ein schlimmer Fehler. Wir greifen an mit dem Wort, verteidigen uns mit dem Wort, nur mit dem Wort, denn so will es Christus. Und wir wollen mit dem Wort siegen, nicht mit der Faust!

Ein Teil der Zuhörer stimmt zu, andere murren.

Ein bewaffneter Aufruhr ist nicht erlaubt. Auch dem nicht, der sich im Recht weiß. Denn Gott hat's verboten, zu Recht, denn niemand kann sein eigener Richter sein. Und es gab noch keinen Aufruhr, bei dem nicht das Blut Unschuldiger geflossen ist. Wir sollen bitten, ermahnen, warnen, jedoch nicht strafen. Gott wird selbst strafen. Wie es im fünften Buch des Moses steht: Die Rache ist mein. Ich werde vergelten.

Unruhe und Murren.

EIN ANHÄNGER MÜNTZERS: Der sanfte Martin!

Gelächter unter Müntzers Anhängern.

LUTHER *erregt*: Wer nicht nur mit Worten fechten will, wer mehr tun will, macht mich zu seinem Feind. Du wirst nichts erreichen, Müntzer. Ich sag dir nur eines voraus:

Die Gewalt, nach der du so laut rufst, wird auch dich pakken.

MÜNTZERS ANHÄNGER *rufen*: Doktor Sanftleben! Doktor Leisetritt!

MÜNTZER: Die Schonzeit für alle, die Gottes Wort mißachtet haben, ist vorüber. Das Volk muß sich jetzt das Recht holen, das ihm von den Fürsten vorenthalten wird.

Da und dort Widerspruch, aber die Zustimmung ist größer.

Das Bitten und Betteln unserer Vorfahren hat nichts genützt, nichts geändert, es hat die großen Herren nur belustigt, sie lieben ihre Gäule und Jagdhunde mehr als ihre Fronbauern, drum kommt, was kommen muß: der Tag der Abrechnung! Wehe denen, sagt der Prophet Amos, die das Recht in Gift verwandeln und die Gerechtigkeit mit Füßen treten. Sie hassen das Gute und lieben das Böse, sagt der Prophet Micha. Sie ziehen den Leuten die Haut ab und zerbrechen ihnen die Knochen. Drum wird man auch ihnen die Haut abziehen und das Fleisch von den Knochen reißen – und dann werden sie um Hilfe schreien, aber Gott wird sie nicht hören.

LUTHER *will entgegnen.*

MÜNTZER *läßt ihn nicht zu Wort kommen*: Gegen eine gottlose und gewalttätige Obrigkeit hat das Volk das Recht, mit Gewalt vorzugehen. Es muß alle Fürsten, die den christlichen Glauben unterdrücken, wie tollwütige Hunde erschlagen. Wir müssen die Furcht überwinden – das ist der erste Schritt in die Freiheit. Vertraut auf Gott! Er stößt die Mächtigen vom Thron und hilft den Unterdrückten. Und die Herzöge, Grafen, Barone, das ganze adelige Pack, wird von einem Tag zum andern verschwunden sein wie die Streu, die der Wind von der Tenne fegt, wie der Rauch, der gestern aus der Dachluke stieg. Das Volk wird frei sein und nur noch einen Herrn haben: Gott!

Breite Zustimmung, besonders unter Müntzers Anhängern.

LUTHER: Der Christ verzichtet auf Gewalt. Als Jesus gefangengenommen wurde, zog Petrus sein Schwert. Ihr wißt alle, was ihm der Herr da befohlen hat. Liebet eure Feinde, seid freundlich zu denen, die euch hassen, und betet für die, die euch verfolgen, spricht der Herr.

MÜNTZER: Im Evangelium des Lukas sagt er: Alle, die nicht wollen, daß ich über sie herrschen soll, sind meine Feinde. Bringt sie her und erwürgt sie vor mir!

LUTHER *heftig*: Nein! Nein! Das ist nicht wahr, Müntzer. Was du zitiert hast, ist ein Satz aus einem Gleichnis. Wo kommen wir hin, wenn sich jeder aus der Bibel nur die Sätze herauspickt, die ihm in den Kram passen?

MÜNTZER *zu seinen Anhängern:* Habt ihr verstanden? *Ironisch:* Was der Doktor Luther sich herausnimmt, nämlich die Heilige Schrift zu interpretieren, das gesteht er dem Thomas Müntzer nicht zu. Das steht mir nicht zu, sagt er! *Lachend:* Wir haben einen neuen Papst! Einen Papst aus Wittenberg!

Gelächter, vor allem unter Müntzers Anhängern.

Ob's dir gefällt oder nicht, Luther, du wirst uns nicht abhalten, die Welt zu verändern.

LUTHER: Das ist gewiß notwendig, Müntzer, aber du bist auf dem falschen Weg. Der Glaube verändert den Menschen, und der veränderte Mensch verändert die Welt. Wir müssen das Wort Gottes lehren, geduldig und mit Liebe, bemüht auch um die verstockten Seelen. Wenn wir dabei müde werden, Müntzer, helfen auch tausend Aufstände nichts.

Unruhe und Murren.

MÜNTZERS ANHÄNGER *rufen*: Doktor Duckmaus! Doktor Fettwanst!

LUTHER *zu Müntzers Anhängern*: Wer lehrt, still und friedlich zu leben, Gottes Geboten zu folgen und der staatlichen Gewalt gehorsam zu sein, den beschimpft ihr wüst, auf den zeigt ihr mit dem Finger, der ist ein Heuchler und ein Fürstenknecht. Euch kümmert nicht, wie man zu einem guten Gewissen und einem fröhlichen Herzen kommt. Doch wer lehrt, die Feinde zu hassen, zu verfolgen, auszurauben und totzuschlagen, den nennt ihr einen evangelischen Prediger!

Höhnischer Beifall.

Es ist ein Irrtum, wenn ihr glaubt, der christlichen Sache mit Gewalt dienen zu können. Es steht euch nicht zu, die Obrigkeit anzugreifen und zu stürzen.

MÜNTZER: Wir jagen die Fürsten davon und schaffen eine neue Obrigkeit! In Christi Namen!

LUTHER: Unser Herr hat gesagt: Mein Reich ist nicht von dieser Welt. Ich flehe euch an, ich warne euch: Seid besonnen! Seht euch vor! Ihr wollt vor dem Regen davonlaufen und werdet ins Wasser stürzen. Ihr schneidet euch mit dem eigenen Messer. Die Steine, die ihr nach oben schleudert, werden euch auf den Kopf fallen.

Unruhe und Widerspruch.

MÜNTZERS ANHÄNGER *rufen*: Doktor Angsthas! Doktor Mastschwein! Doktor Bauchspeck!

LUTHER *zu Müntzer*: Wenn du den Geboten nicht folgen willst, dann unternehme nichts in Christi Namen. Suche dir für dein Vorhaben einen anderen Schutzpatron! Mißbrauche nicht den Namen unseres Herrn!

Große Unruhe im Saal.

MÜNTZERS ANHÄNGER *schreien*: Doktor Heuchelmann! Doktor Lügner! Doktor Arschkriech! Doktor Fettsack!

LUTHER *laut und zornig*: Ihr seid keine Christen! Ihr nehmt das Christentum als Vorwand!

Empörung unter Müntzers Anhängern. Luthers Anhänger schweigen.

EIN ANHÄNGER MÜNTZERS *schreit*: Haut ihn aufs Maul!

EIN ZWEITER: Der Papst von Wittenberg!

EIN DRITTER: Fettsack, Drecksack! Fettsack, Drecksack!

MÜNTZER: Der Prophet Amos hat zu denen, die Schwache und Arme unterdrücken, gesagt: In nicht zu ferner Zeit wird man euch mit Fleischerhaken fortholen.

Zustimmung und Beifall von seinen Anhängern.

Die Gottlosen haben kein Recht zu leben!

LUTHER *laut*: Was? Was? Was?

MÜNTZER: Wer guten Weizen ernten will, muß das Unkraut ausraufen.

Beifall von seinen Anhängern.

Die Zeit des Wartens, die Zeit der Geduld ist vorbei. Der Tag der Gerechtigkeit ist nah! Laßt euch nicht beschwatzen, zu keiner beschissenen Barmherzigkeit überreden! Fürchtet euch nicht! Gott geht uns voran! Er läßt die Seinen nicht im Stich.

Stürmischer Beifall von seinen Anhängern.

LUTHER *schreit*: Paulus hat gesagt: Rächt euch nicht selber, sondern vertraut dem Zorn Gottes!

MÜNTZER *ebenso laut*: Der Prophet Hosea sagt: Meine Augen kennen kein Mitleid!

LUTHER *heftig*: Verlaßt euch nicht auf Gewalt! Psalm 62.

MÜNTZER *ebenso heftig*: Befreit die Geringen und Armen aus der Gewalt der Gottlosen! Psalm 82.

LUTHER *noch lauter*: Selig, die keine Gewalt anwenden, denn ihnen wird die Erde gehören. Matthäus 5.

MÜNTZER *noch lauter*: Ich bin nicht gekommen, Frieden zu bringen, sondern das Schwert. Matthäus 10.

LUTHER *noch lauter, mit sich überschlagender Stimme*: Wer zum Schwert greift, wird durch das Schwert umkommen. Matthäus 26.

29 Landstraße

EIN HAUFEN BAUERN, DER MIT SENSEN UND DRESCHFLEGELN BEWAFFNET IST, ZIEHT VORÜBER.

DIE BAUERN *singen*: Der Doktor Luther hat gesagt:
Laßt nur von Gott euch leiten!
Und will der Graf nicht, wie Gott will,
so müssen wir's erstreiten.
Die Zeit der Knechtschaft ist vorbei,
so läuten es die Glocken.
Der Bauer ist sein eigner Herr!
Was Neu's ist angebrochen.

30 Auf einem Schloß in der Grafschaft Mansfeld

DER HERZOG VON BRAUNSCHWEIG, DER LANDGRAF VON HESSEN UND DIE BEIDEN MANSFELDER GRAFEN HABEN LUTHER ZU EINER UNTERREDUNG EINGELADEN.

DER LANDGRAF: Hast du vergessen, Bruder Martin, daß du in Acht und Bann bist? Wir sind verpflichtet, einer wie der andere, dich festzunehmen und an Händen und Füßen gefesselt nach Rom zu schicken, das weißt du doch?

LUTHER: Gewiß, Euer Gnaden.

DER LANDGRAF: Aber wir haben es bisher nicht getan. Wir haben die Anordnung des Kaisers mißachtet. Dir zuliebe, Bruder Martin, haben wir uns taub und blind gestellt. Sonst würdest du jetzt nicht mehr deinen Hintern in Wittenberg am Ofen wärmen. In Rom hätte man dir ein Feuer unter den Fußsohlen angezündet, weißt du das auch?

LUTHER: Ja.

DER LANDGRAF *donnert*: Und was ist der Dank für soviel Großmut und Nachsicht? Du hetzt uns die Bauern auf den Hals! Womit haben wir das verdient, Bruder Martin?

DER ALTE GRAF: Weiß Gott, womit denn?

DER HERZOG: Nun! Erzähl es uns! Wir wollen's wissen!

LUTHER: Ich habe die Bauern nicht aufgehetzt . . .

DER LANDGRAF: Aufgehetzt vielleicht nicht, aber angestiftet.

LUTHER: Nein!

DER LANDGRAF: Das wirst du uns beweisen müssen. Sonst glauben wir dir kein Wort.

DER ALTE GRAF: Die Bauern berufen sich auf dich, das kannst du nicht bestreiten, und sie werden es nicht grundlos tun, meinst du nicht auch?

DER HERZOG: Gibt's denn hier nichts zu trinken?

Der junge Graf geht zur Tür und gibt eine Anweisung.

LUTHER: Wer meine Schriften gelesen und verstanden hat, macht keinen Aufruhr. Wer Aufruhr macht, hat nichts von mir gelernt.

DER LANDGRAF: Hm. Hm. Hm.

LUTHER: Was kann ich dafür, wenn mit meinem Namen Mißbrauch getrieben wird? Das kommt leider öfter vor. Dafür gibt es tausend Beispiele. Was tut die Kirche nicht alles in Christi Namen, obwohl es Christus verboten hat.

DER ALTE GRAF: Keine Spitzfindigkeiten!

DER LANDGRAF: Rede dich nicht heraus, Bruder Martin. Mit Ausflüchten kommst du bei uns nicht weit. Mach dir keine falschen Hoffnungen. So einfach, wie du es dir vorstellst, kommst du nicht davon.

DER ALTE GRAF: Vielleicht hast du sie wirklich nicht angestiftet, aber daran schuld bist du doch.

Ein Mädchen bringt Wein.

DER HERZOG: Prosit! *Er trinkt.*

DER LANDGRAF: Hast du auch Durst, Bruder Martin?

LUTHER: Nein.

DER ALTE GRAF *zu Luther*: Du weißt, daß die Bauern von Weinsberg Adelige wie Viehzeug abgestochen haben?

Das Mädchen geht ab.

DER LANDGRAF *blickt ihr nach*: Mhm. Heiliger Gott! Was für ein Busen! Zwei Paradiesäpfel! Köstlich!

DER ALTE GRAF: Landgraf!

DER HERZOG *zu Luther*: Ich habe hier einen Zettel, auf dem steht ein Spruch, den du unter die Leute bringst, dafür habe ich Beweise. *Er liest vor:* »Der Herr stößt die Mächtigen vom Thron und erhöht die Niedrigen.« Kennst du den Satz?

LUTHER: Ja. Gewiß.

DER HERZOG *verdutzt*: Er bestreitet es nicht einmal!

LUTHER: Er steht bei Lukas im ersten Kapitel.

DER HERZOG: Was sagst du da?

DER LANDGRAF: Ist das wahr, Bruder Martin?

DER HERZOG: Heiland! Wie kommt so etwas in die Bibel?

DER ALTE GRAF: Der Papst hat gewußt, warum die Bibel nichts fürs Volk ist.

DER LANDGRAF: Himmeldonnerwetter! Wir sind nicht evangelisch geworden, Bruder Martin, damit die Bauernmeute über uns herfällt und uns mit Bibelsprüchen den Garaus macht. *Er trinkt.* Man muß scharf trennen, Bruder Martin, zwischen Religion und Politik. Religion ist Religion und Politik ist Politik. Wenn man sie vermengt, das ist, als ob man Zucker und Salz zusammenschüttet. Wer das tut, verdirbt beides.

DER ALTE GRAF: Die Erfurter haben den aufständischen Bauern die Stadttore geöffnet. Der Müntzer hat in Mühlhausen Anhänger gesammelt und zieht mit ihnen plündernd durchs Eichsfeld.

DER LANDGRAF: Kennst du den Müntzer?

LUTHER: Ja.

DER HERZOG: Mit dem hast du dich gut vertragen, wie?

LUTHER: Nein. Ich habe ihm widersprochen.

DER HERZOG: Widersprochen! Widersprochen! So einen schlägt man auf der Stelle tot.

DER ALTE GRAF: Die Mühlhausener kaufen Waffen und gießen Geschütze. Im Dominikanerkloster haben sie ein Pulverlager angelegt.

DER HERZOG: Zum Kotzen. *Er trinkt.*

DER ALTE GRAF: Wo soll das hinführen, Bruder Martin? Wo soll das enden, sag's mir! Ich bin mit meinen Bauern immer gut ausgekommen. Und jetzt plötzlich wollen sie mir die Sensen in den Leib rennen und mit der Sichel den Hals abschneiden.

DER LANDGRAF: Ein Aufstand, Luther! In Deutschland! Man kriegt Zweifel an der Weltordnung. Das Lumpenpack behauptet noch, daß Gott auf seiner Seite steht.

DER ALTE GRAF: Der Müntzer predigt die Gütergemeinschaft. Omnia sunt communia. Wer damit nicht einverstanden ist, den will er aufhängen.

DER HERZOG *zu Luther*: Und dich haben wir beschützt! Herrgott, was sind wir dumm gewesen!

DER LANDGRAF *zu Luther*: Sieh zu, daß du die Bauern wieder zur Vernunft bringst, bevor das Unglück noch größer wird, verstehst du? *Zum jungen Grafen:* Ich hätte gern noch einen Schluck Wein. *Der junge Graf geht zur Tür und gibt eine Anweisung.*

DER LANDGRAF *zu Luther*: Nun? So sag doch endlich etwas!

LUTHER: Ihre Vorwürfe sind nicht berechtigt. Sie tun mir unrecht, denn Sie lassen außer acht, daß ich Theologe bin. Meine Sache ist der Glaube. Für die irdische Ordnung bin ich nicht zuständig.

DER LANDGRAF: Damit ziehst du dich nicht aus der Schlinge.

Das Mädchen kommt und bringt Wein.

DER ALTE GRAF: Du bist zu radikal vorgegangen, Bruder Martin. Dieser Meinung war ich von Anfang an. Daß wir von Rom unabhängig wurden – das fand ich gut, dafür war's Zeit. Doch warum mußtest du soviel zertrümmern? Die Reliquien und die Heiligenbilder hättest du in der Kirche lassen können.

LUTHER: Plunder.

DER ALTE GRAF: Ja. Für uns. Aber ein gesunder Volksaberglauben hat auch seine guten Seiten.

DER LANDGRAF *zu dem Mädchen*: Wie heißt du, mein liebes Schätzchen?

DAS MÄDCHEN: Anna.

DER LANDGRAF: Oh! Was für ein süßer Name! *Flüstert mit ihr. Das Mädchen geht ab.*

DER HERZOG: Gütergemeinschaft! Herrgott im Himmel! Was Menschen sich alles ausdenken. So etwas hat es doch noch nie gegeben.

LUTHER: Doch. *Alle blicken ihn an.* Unter den Aposteln.

DER LANDGRAF: Aber die war nicht erzwungen? Sie war freiwillig, nicht wahr?

LUTHER: Ja. *Pause.* Erlauben Sie mir, daß ich mich verabschiede. Ich muß zurück nach Wittenberg.

DER HERZOG *kurz angebunden*: Gute Reise!

DER ALTE GRAF: Auf welcher Seite stehst du eigentlich, Bruder Martin?

LUTHER: Weshalb fragen Sie? Sie wissen es doch. Ich gehorche Gottes Wort.

DER ALTE GRAF: Und wie hältst du es mit den Rechten der Fürsten?

LUTHER: Sie können verlangen, daß Ihre Untertanen Ihre Gesetze kennen und halten, wie Sie selbst die Gesetze unseres obersten Herrn, Christus, zu kennen und zu halten haben. *Pause.*

DER LANDGRAF: Gute Reise, Bruder Martin!

Luther geht.

DER ALTE GRAF: Ein Weltfremder. *Pause.*

DER LANDGRAF: Ich bleibe heute nacht hier, Graf Mansfeld. Es ist zu spät geworden. Ich reise erst morgen weiter. *Pause.*

DER HERZOG: Mein Bruder ist Theologe – den kann ich auch nicht leiden. *Pause.*

DER JUNGE GRAF MANSFELD: So ein herrliches Wetter. Und da sitzt man in der Stube herum. Anstatt auf die Beizjagd zu gehen.

31 Dorfkirche

UNTER EINER EMPORE, VON DER EIN TOTER ADELIGER HÄNGT, STEHT LUTHER, VON BAUERN UMRINGT.

EIN BAUER: Was haben wir Schlimmes getan, Bruder Martin? Wir üben nur Gerechtigkeit. Diese adelige Laus hat schon meinen Vater geschunden. Für einen Drecklohn ließ er uns arbeiten. Er hat unseren Kindern nicht das Brot gegönnt.

LUTHER *heftig*: Ihr habt kein Recht gehabt, ihn zu töten!

DER BAUER: O doch! Denn er hat mehr als einen Bauern umgebracht.

LUTHER: Trotzdem ...

DER BAUER *schreit*: Wenn ein Bauer totgeschlagen wurde, hat sich niemand empört. Doch wenn ein Adeliger totgeschlagen wird, geht ein großes Geschrei los. Wo kommt der Unterschied her? Sind nicht beide nackt auf die Welt gekommen?

32 *Kirche in Wittenberg*

GOTTESDIENST. DIE KIRCHE IST GEDRÄNGT VOLL. LUTHER PREDIGT VON DER KANZEL.

LUTHER: Die Luft ist voll von Hetze und Haß, und der Aufruhr greift um sich wie eine fiebrige Seuche. Es ist an der Zeit, wieder einmal den Römerbrief aufzuschlagen und im 13. Kapitel zu lesen. Dort steht: *Er liest vor:* »Wer sich der staatlichen Gewalt widersetzt, der stellt sich gegen Gottes Ordnung, und wer das tut, wird verurteilt werden. Sie übt die Macht nicht ohne Grund aus, denn sie steht im Dienst Gottes, um jene zu strafen, die Böses tun.« Wissen die Bauern, die sich zusammenrotten und wie Straßenräuber Klöster und Schlösser überfallen, nicht, daß es nichts Schlimmeres gibt als einen aufrührerischen Menschen? Und daß sie auch Gotteslästerer sind, denn sie berufen sich auf das Evangelium und nennen sich christliche Brüder? Anstatt der Lehre Christi zu folgen, toben sie herum wie ein tollwütiger Hund, den man totschlagen muß; schlägst du nicht, so schlägt er dich, und fällt auch noch andere an. Jeder Fürst und Herr muß wissen, was er jetzt zu tun hat, und daß er sich vor Gott versündigt, wenn er die Mordbuben nicht ergreift und bestraft. Er darf mit gutem Gewissen zuschlagen, ohne Zögern und Barmherzigkeit, denn die Bauern haben den Tod zehnfach verdient, es ist Gott, der die Strafe befiehlt, drum soll hauen, würgen und stechen, heimlich oder öffentlich, wer nur kann. Wir leben in einer Zeit, in der sich ein Fürst den Himmel mit Blutvergießen verdienen kann, wie andere mit Beten. Die Obrigkeit soll nur unterscheiden zwischen den Bauern, die rauben, brandschatzen, morden: die verdienen keine Gnade, für die gibt es nur einen Richter, den Scharfrichter, und jenen, die verführt und verblendet mitlaufen, im Herzen jedoch

fromm sind: solchen Leuten soll man Nachsicht zeigen, brüderlich die Hand reichen und verzeihen.

Ich bitte alle, die mit den Bauern gemeinsame Sache machen, zu fliehen, ehe es zu spät ist. Ich bitte Gott, daß er alle, die nicht fliehen, noch einsichtig macht und bekehrt. Und ich will beten, daß die Uneinsichtigen weder Glück noch Erfolg haben.

EIN BAUER *springt auf und ruft*: Dafür willst du noch beten?

LUTHER: Amen.

DER BAUER: Schämst du dich nicht?

LUTHER *singt laut*: Verleih uns Frieden gnädiglich,
Herr Gott, zu unsern Zeiten.

DER BAUER *schreit*: Du bist ein Verräter! Ein Verräter!

Die Gemeinde singt das Lied, das Luther angestimmt hat. Das Geschrei des Bauern geht darin unter.

DIE GEMEINDE *singt*: Es ist ja doch kein andrer nicht,
Der für uns könnte streiten,
Denn du, unser Gott, alleine.

33 Luthers Wohnung im Schwarzen Kloster zu Wittenberg

ABEND. LUTHER UND DREI MITARBEITER SITZEN UM DEN MIT BÜCHERN UND SCHRIFTEN BEDECKTEN TISCH UND ARBEITEN. SIE SCHREIBEN, KORRIGIEREN, SCHLAGEN IN BÜCHERN NACH. NACH EINER WEILE IST DRAUSSEN LÄRM ZU HÖREN. EIN MITARBEITER STEHT AUF UND SCHLIESST DAS FENSTER.

LUTHER: Danke.

Sie arbeiten schweigend weiter. Es ist jedoch nur kurz still, dann ist wieder Lärm zu hören.

LUTHER *zu einem Mitarbeiter*: Schau nach, was los ist.

Der Mitarbeiter geht zur Tür, doch bevor er sie erreicht, wird sie aufgestoßen: ein Dutzend Frauen stürmt ins Zimmer, voran eine alte Frau, eine hagere Frau mit einem Säugling auf dem Arm und eine kleine Frau, die zwei Kinder an der Hand führt.

DIE HAGERE FRAU: Hier ist er!

DIE ALTE FRAU *zeigt auf Luther*: Ist er das?

DIE HAGERE FRAU: Ja, das ist er!

DIE KLEINE FRAU: Wer? Der Dicke?

LUTHER *steht auf*: Wo kommt ihr her? Seht ihr nicht, daß ihr stört? Wir sind bei der Arbeit.

DIE KLEINE FRAU: Wo wir herkommen? Aus Frankenhausen!

DIE HAGERE FRAU *höhnisch*: Wir stören ihn! Habt ihr's gehört?

LUTHER: Was wollt ihr?

DIE KLEINE FRAU: Er fragt, was wir wollen? Großer Gott!

DIE HAGERE FRAU: Wie? Du weißt noch nichts? Du hast noch nichts davon gehört?

DIE ALTE FRAU: Er will nur nichts wissen!

DIE KLEINE FRAU: Du fetter Heuchler!

ERSTER MITARBEITER *an Luthers Seite*: Was ist geschehen?

DIE HAGERE FRAU: Es hat eine Schlacht gegeben!

ERSTER MITARBEITER: Eine Schlacht? Zwischen den Bauern und den fürstlichen Truppen?

DIE HAGERE FRAU *schreit ihn an*: Ja!

ERSTER MITARBEITER: Die Bauern sind besiegt worden?

DIE HAGERE FRAU: Ja!

ERSTER MITARBEITER: Und sind jetzt auf der Flucht?

DIE HAGERE FRAU *höhnisch*: Auf der Flucht! Auf der Flucht!

DIE KLEINE FRAU: Sie wollten in die Stadt fliehen, doch die meisten wurden vorher eingeholt und erstochen. Dann ließen die Fürsten die Stadt stürmen. Wen sie dabei ergriffen, wurde erstochen. Viele hatten sich im Keller und unter den Dächern versteckt: die wurden herausgezerrt und erstochen.

DIE ALTE FRAU: Meine Söhne. Alle beide.

DIE HAGERE FRAU: Lieber Unschuldige umbringen, sagten die großen Herren, als einen Schuldigen laufen lassen. *Zu Luther:* Was glotzt du so entsetzt? Du bist doch an dem allen schuld! Oder wer ist sonst schuld daran?

DIE ALTE FRAU: Meine Söhne. Der Hans und der Ludwig.

DIE HAGERE FRAU: Du Mörder! Du hast sie umgebracht!

LUTHER: Ich ...

EIN MÄDCHEN: Mein Bräutigam liegt auf dem Rübenfeld. In jeder Furche rinnt Blut.

DIE HAGERE FRAU: Hoffentlich findet sich einer, der dir den Schädel einschlägt!

DIE KLEINE FRAU *zeigt auf Luther*: Seht ihn euch an, Kinder! Das ist er! Dem zuliebe hat euer Vater uns allein gelassen und ist fortgelaufen ...

DIE HAGERE FRAU: Erst hast du den Bauern die rebellischen Gedanken in den Kopf gesetzt, doch als sie die ernst nahmen, bist du erschrocken, da wurde es dir himmelangst, da hast du sie im Stich gelassen und bist auf die andere Seite gelaufen ...

LUTHER *heftig*: Das ist nicht wahr!

DIE KLEINE FRAU: Er lügt!

LUTHER: Ich habe gewarnt, gemahnt, gefleht, gebettelt. Doch niemand mochte auf mich hören. Ich wollte ...

DIE KLEINE FRAU *schrill*: Du wolltest deinen fetten Wanst retten!

DIE ALTE FRAU: Macht sie tot, hast du zu den Fürsten gesagt. Macht sie tot! So etwas muß man denen nicht zweimal sagen.

DIE HAGERE FRAU: Geh nach Frankenhausen, vorwärts, geh endlich, mach dich auf den Weg und schau dir an, wie dein Rat befolgt worden ist. Sie haben getötet und getötet und getötet ...

ERSTER MITARBEITER *leise*: Wurden keine Gefangenen gemacht?

DIE HAGERE FRAU: Nur wenige.

ERSTER MITARBEITER: Die leben noch?

DIE HAGERE FRAU: Ja. Aber man hat ihnen die Augen ausgestochen und die Finger abgehackt. *Schreit Luther an:* Komm mit nach Frankenhausen! Worauf wartest du noch? Es gibt dort eine Menge Leute, die dir danken möchten.

DAS MÄDCHEN: Mein Bräutigam war siebzehn, so groß wie du und blond.

Luther will sich verteidigen, aber er kommt nicht zu Wort.

DIE HAGERE FRAU: Du darfst mit den Fürsten zufrieden sein. Sie haben ganze Arbeit geleistet.

DIE KLEINE FRAU: Seht ihn euch an, Kinder! Der ist schuld an unserem Unglück.

DIE HAGERE FRAU: Bete, daß dir Gott gnädig ist, wenn du mit blutigen Händen zu ihm kommst!

DIE KLEINE FRAU: Was soll aus meinen Kindern werden? Und aus mir? Im Stall steht kein Stück Vieh mehr. Wer bringt im Herbst die Ernte ein?

DAS MÄDCHEN: Mein Bräutigam war siebzehn, hast du's gehört?

LUTHER: Ich bin nicht unbarmherzig . . .

DIE HAGERE FRAU *lacht ihm ins Gesicht.*

LUTHER: Wer auf Gottes Wort nicht hören will, der muß auf den Henker hören!

DIE ALTE FRAU: Gott vergeb dir! Du weißt nicht, was du sagst.

DIE HAGERE FRAU: Dein Freund, der Henker, verdient jetzt eine Menge Geld. Der Kopf des Thomas Müntzer steckt auf einem Pfahl vor der Stadt. Willst du ihn dir nicht anschauen? *Sie spuckt vor ihm aus.* Doktor Luther – der Freund des Volkes! Das Volk weiß jetzt, was es von dir zu halten hat. Du wirst in keinem Dorf mehr einen Hund finden, der vor dir einen Brocken Brot nimmt.

LUTHER: Ich habe immer wieder gepredigt, daß der Christ auf Gewalt verzichtet. *Sehr laut:* Die Waffe des Christen ist Gottes Wort!

DIE HAGERE FRAU: Ist das alles, was du uns zu sagen hast?

LUTHER: Bei dem Propheten Jeremia steht: Dein Wort, Herr, ist mein Glück und mein Trost. – Betet! Und führt ein christliches Leben.

Pause.

DIE KLEINE FRAU *müde*: Gehen wir.

DAS MÄDCHEN: Ja. Gehen wir. Ich will ihn nicht mehr sehen.

Die Frauen gehen.

DIE HAGERE FRAU: Ich bete nicht, Luther. Ich verfluche dich.

Alle Frauen gehen ab. Nur die alte Frau bleibt unter der Tür stehen.

LUTHER *leise*: Habe ich nicht unermüdlich gegen den Aufruhr gepredigt? Niemand will es wahrhaben. Ist es vergessen? War's nicht genug?

DIE ALTE FRAU: Meine Enkelkinder wissen, daß die Scheune abbrennt, wenn sie zündeln. Du wirfst einen Funken ins Pulverfaß und wunderst dich über den Knall.

LUTHER: Konnte ich mehr tun als fortwährend sagen: Haltet Frieden! Haltet Frieden!

DIE ALTE FRAU: Die Bauern leiden unter Ungerechtigkeiten, die unerträglich sind.

LUTHER: Paulus sagt: Leide mit mir für das Evangelium.

DIE ALTE FRAU: Tag für Tag, ein ganzes Leben lang? Immer demütig sich ausnützen lassen und sich selbst verleugnen? Nur damit unsere Herren ein gutes und sicheres Leben haben? Meine Söhne haben dich verehrt, Doktor Luther. Bis zuletzt haben sie gehofft, du würdest mit ihnen kämpfen. Aber du hast sie nur auf den Jüngsten Tag vertröstet. *Geht.*

34 *Dorfkirche*

VON DER EMPORE HÄNGEN IN LANGER REIHE TOTE BAUERN. LUTHER KOMMT, BLEIBT ENTSETZT STEHEN UND STARRT AUF DIE LEICHEN. ER STÖSST EINEN LAUTEN SCHREI AUS UND FÄLLT AUF DIE KNIE.

LUTHER *betet*: Unser Vater im Himmel! Dein Name werde geheiligt. Dein Reich komme.
Zwei Landsknechte kommen.
Dein Wille geschehe im Himmel wie auf Erden.

ERSTER LANDSKNECHT: Was will der Pfaffe hier? *Zu Luther:* Du hast hier nichts zu suchen! Scher dich davon!
Die beiden Landsknechte packen Luther und stoßen ihn hinaus.

35 *Schloßkapelle*

EINE ADELIGE GESELLSCHAFT HÖRT LUTHER ZU, DER VON DER KANZEL PREDIGT.

LUTHER: Der Aufstand der Bauern ist vorbei, aber wir haben uns noch ein Wort zu sagen. Als ich die deutschen Fürsten aufforderte, dem Aufruhr ein Ende zu machen, habe ich mich an Fürsten gewandt, die Christen sind und ihr Amt christlich versehen, nicht an wütige, rasende, wahnsinnige Tyrannen, die nicht viel nach Christus fragen und Schuldige wie Unschuldige töten, ganz wie es ihnen gefällt.
Auf meinen Rat, den Verführten gnädig zu sein, nachsichtig zu sein mit allen, die irregeleitet worden sind, hat niemand hören wollen. Er war den Herren lästig. Sie wollten Rache. Anstatt den Römerbrief aufzuschlagen, wo am Ende des zwölften Kapitels steht: Laß dich nicht vom Bösen überwinden, sondern überwinde das Böse mit Gutem.

Die Bluthunde haben außer acht gelassen, daß alle, die nicht barmherzig sind, ohne Barmherzigkeit umkommen. In Mühlhausen hat ein adeliger Herr verlangt, daß man die Witwe Thomas Müntzers zu ihm bringe. Vor der armen Frau, die schwanger ist, ist er auf die Knie gefallen und hat gesagt: »Liebe Frau, laß mich dich . . .!« Oh! Was für eine adelige Tat! Was für ein tapferer Held! Was soll ich zu solchen Rotzbuben und Säuen sagen? Die Heilige Schrift nennt sie Bestien, wilde Tiere, und das sind sie wirklich. Auch sie, vertraut auf Gott, werden ihren verdienten Lohn erhalten.

Wir alle gehen auf den Tod zu. Keiner wird für den andern sterben. Rüste sich ein jeder für den Tag, an dem unser Leben sich erhöht und endet, damit er vor Gott bestehen kann. Amen.

Er steigt von der Kanzel herab.

DIE GEMEINDE *singt*: Verleih uns Frieden gnädiglich,
Herr Gott, zu unsern Zeiten.
Es ist ja doch kein andrer nicht,
Der für uns könnte streiten,
Denn du, unser Gott, alleine.

36 Luthers Wohnung im Schwarzen Kloster zu Wittenberg

LUTHER UND KATHARINA FEIERN MIT FREUNDEN, MITARBEITERN UND NACHBARN IHRE HOCHZEIT. MUSIKANTEN SPIELEN ZUM TANZ.

DIE MUSIKANTEN *singen*: Auch spät gefreit ist gut gefreit,
mundus renovatur;
Ehezeit ist gute Zeit,
forma rebus datur.

Habt viel Glück und Zärtlichkeit,
avis modulatur.
Oh, wie gut lebt sich's zu zweit!
Amor dominatur.

Der Tanz endet. Es bildet sich ein Zug, der das Brautpaar ins Schlafzimmer begleitet. Nur zwei Mitarbeiter Luthers bleiben zurück.

DER ERSTE MITARBEITER: Was wird man in Rom dazu sagen?

DER ZWEITE MITARBEITER: Eine Teufelshochzeit. Der Mönch geht mit der Nonne ins Bett.

Sie folgen dem Hochzeitszug.

37 *Auf einem Schloß des Landgrafen von Hessen*

DER LANDGRAF PHILIPP VON HESSEN UND LUTHER SITZEN SICH GEGENÜBER UND TRINKEN WEIN.

DER LANDGRAF: Deutschland spaltet sich, Bruder Martin, in einen protestantischen Teil und in einen katholischen, der Riß geht täglich tiefer, sie rücken immer weiter voneinander ab, es ist nicht mehr aufzuhalten. Das ist die Lage, Bruder Martin. Prosit!

LUTHER: Zum Wohl, Euer Gnaden. *Sie trinken.*

DER LANDGRAF: Was mir Kopfschmerzen macht: Auf der anderen Seite steht der Kaiser, und der droht uns. Wenn es nach dem Kaiser ginge, müßte morgen ganz Deutschland wie-

der im Beichtstuhl knien und den Rosenkranz beten. Darauf gibt's nur eine Antwort: Die protestantischen Fürsten und die protestantischen Städte müssen sich verbünden. Er soll sehen, daß wir uns auch von einem Kaiser nicht einschüchtern lassen. Ja, Bruder Martin, ich werde bei dem Gewitter, das da heraufzieht, auf der Seite des Evangeliums stehen.

LUTHER: Das habe ich erwartet, Euer Gnaden.

DER LANDGRAF: So? Du hast es erwartet?

LUTHER: Gewiß.

DER LANDGRAF: Es ist keine leichte Entscheidung für mich, bei Gott nicht. Aber du könntest mir die Entscheidung erleichtern, Bruder Martin. *Luther blickt ihn verwundert an.* Do ut des. Du willst etwas von mir, ich will etwas von dir. Das ist das Grundprinzip einer jeden Politik.

LUTHER: Verzeihung, ich verstehe nicht.

DER LANDGRAF: Hast du gesehen, wer heute beim Gottesdienst neben mir saß?

LUTHER: Ja. Zwei Damen. Eine ältere und eine jüngere.

DER LANDGRAF: Weißt du, wer die ältere war?

LUTHER: Ihre Gattin, nehme ich an.

DER LANDGRAF: Richtig. Und die jüngere?

LUTHER: Ihre Tochter.

DER LANDGRAF *schüttelt den Kopf.*

LUTHER: War's eine Nichte?

DER LANDGRAF: Nein.

LUTHER: Wer dann?

DER LANDGRAF: Herrgott, was man einem Theologieprofessor alles erklären muß! Ich habe Kummer, Bruder Martin, ihretwegen, großen Kummer, der mich noch ruiniert. *Er trinkt.* Sie verlangt von mir, daß ich sie heirate!

LUTHER: Euer Gnaden!

DER LANDGRAF: Eine Scheidung ist in deinen Augen eine schlimme Sache, wie?

LUTHER: Bei Matthäus steht: Was Gott zusammengefügt hat, soll der Mensch nicht scheiden.

DER LANDGRAF: Doch Paulus sagt: Heiraten ist besser, als von der Begierde verzehrt zu werden.

LUTHER: Aber Sie haben doch eine Frau!

DER LANDGRAF *düster*: Ja, ja, aber die gleiche seit zwanzig Jahren. *Er trinkt.*

LUTHER: Das christliche Familienleben, Euer Gnaden . . .

DER LANDGRAF *verärgert*: Bleib mir vom Leib mit den Reizen des Familienlebens! Das ist ein Vergnügen für kleine Leute. *Er packt Luther an den Schultern.* Du hast sie doch gesehen! In ganz Hessen gibt es keine wie sie! Ich brauche sie, Bruder Martin, ich will sie endlich haben. Kannst du das wirklich nicht verstehen? Herrgott, muß ich einem verheirateten Mönch einen Vortrag über die Liebe halten?

LUTHER *räuspert sich*: Manche Fürsten halten sich eine Konkubine. Das ist ein alter Brauch. Leider.

DER LANDGRAF: Mit einer Konkubine wärst du einverstanden?

LUTHER: Man könnte darüber hinwegsehen.

DER LANDGRAF: Damit ist sie nicht einverstanden. Sie will geheiratet werden, ohne Wenn und Aber, denn sie ist von Adel, Bruder Martin, und hat Grundsätze. Der Weg in ihr Bett führt am Altar vorbei, sagt sie. *Er trinkt.* Erinnere dich, Bruder Martin, was ich für die Verbreitung des evangelischen Glaubens getan habe, mehr als jeder andere Fürst in Deutschland, das darf ich weiß Gott ehrlich behaupten. In Marburg habe ich eine Universität gegründet, an der lutherische Theologie gelehrt wird. Das hat noch kein anderer Fürst gewagt.

LUTHER: Was wollen Sie von mir?

DER LANDGRAF: Ich möchte meine Margarethe heiraten, Bruder Martin.

LUTHER: Ich kann Sie nicht scheiden.

DER LANDGRAF: Das sehe ich ein. *Er trinkt.* Eine Scheidung wäre auch für mich nicht ganz einfach. Da meine Gattin eine sächsische Prinzessin ist, könnte sie politische Nachteile mit sich bringen. Meinst du nicht auch?

LUTHER: Doch. Damit müßten Sie rechnen.

DER LANDGRAF: Deshalb denke ich an eine andere Lösung, Bruder Martin. *Pause.* Ich habe in der Bibel nachgelesen. *Pause.* Ich werde mir Abraham als Vorbild nehmen.

LUTHER: Was? *Er schluckt.* Ich bin nicht sicher, ob ich richtig verstanden habe.

DER LANDGRAF: Doch. Das hast du.

LUTHER: Sie wollen . . . zwei Frauen?

DER LANDGRAF: Warum nicht? Abraham hatte sogar mehr als zwei. Und wie viele hatte Isaak? Und Jakob?

LUTHER: Euer Gnaden!

DER LANDGRAF: Traust du es mir nicht zu?

LUTHER: Was sagt die Landgräfin?

DER LANDGRAF: Sie ist einverstanden. Ich mußte ihr allerdings versprechen, daß sie nicht zu kurz kommen wird. Ein halber Landgraf ist ihr lieber als gar kein Landgraf. *Er trinkt.*

LUTHER: Wissen Sie nicht, daß Bigamie im Reich mit dem Tod bestraft wird?

DER LANDGRAF: Natürlich weiß ich das. Aber es muß ja niemand davon erfahren, Bruder Martin. Die Heirat bleibt geheim und unter uns.

LUTHER: Nein! Unmöglich!

DER LANDGRAF: Lieber Bruder Martin . . .

LUTHER: Was Euer Gnaden von mir fordern, ist eine Ungeheuerlichkeit!

DER LANDGRAF: Was ich von dir zu hören bekomme, Bruder Martin, enttäuscht mich ungemein.

LUTHER: Dieser Vorwurf ist nicht berechtigt.

DER LANDGRAF: Verständnislosigkeit und Undank! Der schwärzeste Undank!

LUTHER: In keiner Weise!

DER LANDGRAF: Ich bin dem protestantischen Bündnis noch nicht beigetreten. Ich kann es mir noch überlegen. Mit Hessen hat die protestantische Seite in Deutschland das Übergewicht. Ohne Hessen hat sie es nicht. Wenn ich zum Heiligen Vater sage: Ich komme auf die katholische Seite, ich bin bereit, gegen die Ketzer zu kämpfen, glaubst du, dann werde ich nicht geschieden? Er wird für jeden Wunsch, den ich vorbringe, Verständnis zeigen, da gehe ich jede Wette ein.

LUTHER: Ich kann mir nicht vorstellen, daß Sie die evangelische Sache im Stich lassen werden.

DER LANDGRAF: Kannst es dir nicht vorstellen, nein? Ich kann's aber! Ich kann es! *Packt Luther an den Schultern.* Du glaubst, im Besitz der Wahrheit zu sein, doch andere behaupten das Gegenteil. Was ist unser Glaube, Bruder Martin? Eine Mischung aus Überzeugung und Rechthaberei. Ich muß dir gestehen, daß ich öfters religiöse Anfechtungen habe. Dann fällt es mir schwer, an einen Gott zu glauben, der sich mit menschlichen Schicksalen und Handlungen abgibt. Dann sage ich mir: Pfeif auf die Religion und lies den Epikur! *Er trinkt.* Du willst mir in meiner Not also nicht beistehen, Bruder Martin?

LUTHER: Ich kann es nicht.

DER LANDGRAF: Ich will die Margarethe, und ich werde sie bekommen, so oder so, das ist sicher wie das Amen in der Kirche. Oder kennst du mich so schlecht? Ich brauche dich, doch du brauchst auch mich. Was ist das protestantische Bündnis ohne Hessen wert? Wenn der Kaiser mit seinen Soldaten anrückt, um das evangelische Licht, das du in Deutschland angezündet hast, ein für allemal auszublasen, brauchst du meinen Schutz. Oder brauchst du ihn nicht? Wie viele Kanonen hast du, Bruder Martin?

LUTHER: Das ist Erpressung, Euer Gnaden.

DER LANDGRAF *mißbilligend*: Immer diese kränkenden Vokabeln, Bruder Martin. Ich lege doch nur die Karten, die ich in der Hand habe, auf den Tisch, damit du sehen kannst, wie du dran bist. Komm, setz dich zu mir, trinken wir noch einen Becher Wein miteinander! Laß den Kopf nicht hängen, Bruder Martin! Du erlaubst mir eine zweite Ehe und ich werde das Evangelium verteidigen. Damit hat jeder, was er dringend braucht. Es wird Zeit, daß du politisch denken lernst, Bruder Martin. Prosit!

DER KAISER ZEIGT SEINEM BEICHTVATER GOLDENE GÖTTERFIGUREN.

DER KAISER: Aus Amerika. Von einem Volk, das die Azteken heißt. Es hat einen Sonnengott, eine Mondgöttin, Wasser- und Regengötter, sogar Götter, die Berufe schützen. Allen werden Menschenopfer gebracht. *Eine Figur betrachtend:* Sie sind sehr schön – aber sehr blutdürstig.

DER BEICHTVATER: Es ist unsere Aufgabe, diesen Völkern die wahre Religion zu predigen.

DER KAISER: Ja. Doch vorher müssen wir im eigenen Haus Ordnung schaffen. *Heftig:* Die Königin von Dänemark ist zum Protestantismus übergetreten! Meine Schwester! *Setzt sich an seinen Schreibtisch.* Das christliche Abendland ist rissig wie ein alter Teppich. *Zornig:* Die eigene Schwester – auf Luthers Seite! *Mehr für sich:* Ich hätte ihn töten müssen, damals in Worms, als ich ihn in der Hand hatte, ohne Skrupel und Zaudern: töten.

DER BEICHTVATER: Es war der Rat der Kirche, Majestät.

DER KAISER: Wie oft bekomme ich das noch zu hören? Sie stochern gern in dieser Wunde.

DER BEICHTVATER: Sie hätten großes Unheil verhindern können, Majestät. *Pause.* Nun ist halb Deutschland protestantisch, Skandinavien und England sind abgefallen, in Frankreich und Italien ist es unruhig, selbst hier in Spanien sind Ketzer zu finden.

DER KAISER: Die Schuld trägt der Papst, dem es immer nur um Macht und irdischen Besitz ging. Dafür war er nicht zum Stellvertreter Christi gemacht worden. Erst forderte er den Protest heraus, dann nahm er ihn nicht ernst. Er beging jeden Fehler, den er nur machen konnte.

DER BEICHTVATER *will widersprechen*: Majestät . . .

DER KAISER *scharf*: Und man ist in Rom nicht bereit, daraus etwas zu lernen. Anstatt mit mir die Ketzer zu bekämpfen, verbündet sich der Papst mit Frankreich – gegen mich! *Große Pause. Der Kaiser sieht Schriftstücke durch.* Wissen Sie schon, daß sich der Landgraf von Hessen eine zweite Frau genommen hat? Damit habe ich diesen Windhund in der Hand. Wenn er seine Haut retten will, muß er das evangelische Bündnis verlassen und auf meine Seite kommen. Damit gewinne ich in Deutschland das Übergewicht.

DER BEICHTVATER: Das nützt nur in einem Krieg.

DER KAISER: Ich werde Krieg führen. Anders läßt sich die Ketzerei nicht ausrotten. Für die Einheit im Glauben ist kein Opfer zu groß.

39 Luthers Wohnung im Schwarzen Kloster zu Wittenberg

LUTHER, SCHWER UND ALT GEWORDEN, SITZT IN EINEM LEHNSTUHL UND LIEST. SEINE FRAU KOMMT.

KÄTHE: Der kleine Martin muß sich im Garten erkältet haben. Ich habe ihn ins Bett gesteckt. Nun schläft er wie ein Ratz. Hier! Diese Briefe sind gekommen!

LUTHER: Danke. *Er liest die Briefe.*

KÄTHE: Über der Schlafstube hat es wieder durch das Dach geregnet. Wir müssen neue Schindeln kaufen, sonst fault und morscht das Holz.

LUTHER *brummt*: Wenn du meinst.

KÄTHE: Ich werde gleich ein Fuder Schindeln bestellen, dann haben wir genug, um auch das Stalldach neu zu decken. *Luther schlägt mit der Faust auf den Tisch.*

KÄTHE: Doch! Das ist notwendig. Längst schon. Was hast du?

LUTHER *zornig*: Es ist unerträglich! *Er zeigt auf den vor ihm liegen-*

den Brief. Aus Annaburg kommt die Anfrage, ob ich in Zukunft den Pfarrer einsetze. Oder ob sie ihn wählen sollen. Und wer ihn bezahlt. *Greift zum nächsten Brief.* Die Gemeinde Gauernitz fragt, wem jetzt der Weinberg gehört, den die Kirche vor hundert Jahren als Vermächtnis erhalten hat. *Er nimmt den nächsten Brief.* In Wurzen liegen sich zwei Pfarrer in den Haaren und wollen wissen, wie Matthäus 11/25 zu verstehen ist. *Er wischt die Briefe wütend vom Tisch.* Mein Gott! Ich habe doch nicht die alte Institution zerschlagen, damit ich mich nun mit einer neuen herumschlagen muß, mit Kirchenverordnungen, juristischem Firlefanz und mit streitsüchtigen Theologen! *Er trommelt mit den Fäusten auf den Tisch.* Es ist verrückt! Warum lachst du nicht, Käthe? *Käthe blickt ihn verstört an.* Warum lachst du mich nicht aus?

Es wird an die Tür geklopft.

LUTHER: Wenn du nicht lachen magst, dann lache eben ich! *Er lacht sehr laut.*

Es wird an die Tür geklopft.

KÄTHE *während sie die Briefe aufhebt*: Ja!

Eine junge Kellnerin tritt ein.

DIE KELLNERIN: Guten Tag, Herr Doktor.

KÄTHE: Was willst du?

DIE KELLNERIN: Bei uns im Gasthaus sitzt ein fremder Herr, der fragen läßt, ob er den Herrn Doktor besuchen darf.

KÄTHE: Hat er seinen Namen genannt?

DIE KELLNERIN: Den konnte ich mir nicht merken. Er ist päpstlicher Legat, sagt er.

Diese Antwort erstaunt Frau Luther. Sie blickt fragend ihren Mann an.

LUTHER: Wann will er kommen?

DIE KELLNERIN: Sogleich. Wenn es Ihnen recht ist. Er ist auf der Durchreise.

LUTHER: Es ist mir recht.

DIE KELLNERIN: Ich richte es aus, Herr Doktor. *Geht.*

LUTHER: Wo sind meine Schuhe, Käthe?

Käthe holt seine Schuhe, kniet vor ihm nieder und zieht ihm die Schuhe an.

KÄTHE: Ein päpstlicher Legat in Wittenberg? Was will der?

LUTHER: Er wird es uns erzählen, Käthe. Wahrscheinlich plagt ihn die Neugier. Es wird soviel Böses über mich verbreitet ... Vielleicht will er nachsehen, ob ich nicht doch einen Klumpfuß habe und nach Schwefel stinke.

KÄTHE: Was soll ich ihm anbieten?

LUTHER: Was du im Haus hast. Brot und Speck und Bier. *Käthe hat ihm die Schuhe angezogen und steht auf.* Danke, Käthe. Nun hole mir den Mantel mit dem Pelzkragen. *Käthe geht. Er ruft ihr nach:* Bring auch die goldene Kette mit, die mir der Kurfürst geschenkt hat!

Käthe kommt mit dem Mantel und der Kette zurück. Luther erhebt sich. Er stöhnt und preßt die Hand auf seine Hüfte.

KÄTHE: Hast du wieder Schmerzen?

LUTHER *nickt.*

KÄTHE: Die Nierensteine?

LUTHER: Wahrscheinlich. *Sie hilft ihm in den Mantel.* Danke. *Sie hängt ihm die goldene Kette um.* Von meinen Krankheiten wird nicht gesprochen, hörst du? *Sie bürstet seine Kleider ab.* Sonst berichtet er nach Rom, daß es mit mir zu Ende geht, nein, er soll sehen, daß sie noch für eine Weile mit mir zu rechnen haben. *Draußen sind Stimmen zu hören.* Er ist da. Was meinst du, soll ich ihn hier erwarten oder soll ich ihm entgegengehen?

KÄTHE *tritt einen Schritt zurück und betrachtet ihn prüfend von oben bis unten*: Geh ihm entgegen!

LUTHER: Was spricht dafür?

KÄTHE: Es wird ihn überraschen. Denn überall wird erzählt, daß du schlechte Manieren hast.

Luther lacht und geht ab. Käthe wirft einen Blick aus dem Fenster, dann geht auch sie. Luther und der päpstliche Legat treten ein.

DER LEGAT: Ich komme von Köln, Herr Doktor, und bin auf dem Weg nach Dresden. Ich bin unterwegs in päpstlicher Mission. Mir wurde berichtet, daß Sie Reisende, die durch Wittenberg kommen, stets freundlich empfangen. Dann wird er bei mir keine Ausnahme machen, dachte ich.

LUTHER: Gewiß nicht. *Er bietet ihm Platz an.*

DER LEGAT: Wie geht es Ihnen, Herr Doktor? *Sie setzen sich.* Sie sind bei guter Gesundheit?

LUTHER: Wenn ich die Beschwerden übersehe, die das Alter mit sich bringt, kann ich nicht klagen. *Pause.* Was darf ich Ihnen anbieten, Herr Legat?

DER LEGAT: Nichts. Besten Dank. Ich habe eben im Gasthof zu Mittag gegessen.

LUTHER: Ich kann Ihnen ein vorzügliches Bier anbieten, das meine Frau gebraut hat.

DER LEGAT *kühl*: Danke.

LUTHER: Sie wissen, daß ich geheiratet habe?

DER LEGAT: Allerdings.

LUTHER: Der heilige Paulus schrieb: Ein Pfarrer soll verheiratet und ein guter Familienvater sein. Was spricht dagegen, diesen Rat anzunehmen?

Der Legat schweigt.

LUTHER: Auch Petrus hatte eine Schwiegermutter. Fast alle Apostel waren verheiratet. Warum sollte ich diesem guten Beispiel nicht folgen?

Der Legat schweigt.

LUTHER: Ich habe meinen Entschluß nicht bereut, Herr Legat. Anfangs war es natürlich etwas ungewohnt, beim Aufwachen nebenan zwei blonde Zöpfe zu erblicken.

Der Legat schweigt.

LUTHER: Meine Käthe hat Ordnung in mein Leben gebracht. Darüber bin ich froh. Sie kümmert sich um alles: sie baut Obst und Gemüse, hält Hühner und Schweine, sorgt für Kinder und Gäste.

DER LEGAT: Darf ich wissen, woran Sie arbeiten, Herr Doktor?

LUTHER: Ich bin noch immer dabei, die Bibel zu übersetzen. *Pause.* Was gibt es in Rom Neues?

DER LEGAT: Der Heilige Vater denkt daran, ein Konzil einzuberufen.

LUTHER: Wohin?

DER LEGAT: Das steht noch nicht fest.

LUTHER: Und wann?

DER LEGAT: Auch darüber ist noch nicht entschieden. Doch mit den Vorbereitungen wurde bereits begonnen. Der Heilige Vater hat mehrere Kardinäle beauftragt, einen Entwurf für kirchliche Reformen auszuarbeiten.

LUTHER: Mit anderen Worten: Nichts Neues in Rom. *Pause. Er betrachtet aufmerksam seinen Gast.* Sind wir uns nicht schon einmal begegnet, Herr Legat?

DER LEGAT: Ja. Aber es ist lange her.

LUTHER: Wo war das? Helfen Sie mir, bitte! Es fällt mir nicht ein.

DER LEGAT: In Augsburg, Herr Doktor. Ich war damals Sekretär des Kardinals.

LUTHER: Ach ja! Nun erinnere ich mich. *Pause.* Ich habe lange nichts mehr von ihm gehört.

DER LEGAT: Er ist gestorben. *Pause.* Der Kardinal war Ihnen sehr wohlgesonnen, Herr Doktor, aber Sie waren unerbittlich.

LUTHER: Warum war die Kirche nicht bereit, meine Kritik anzuerkennen? Ich habe sie doch nicht spöttisch und hämisch kritisiert, sondern weil ich sie über alles liebte. Ich war traurig, ja verzweifelt darüber, daß Kritik notwendig war.

DER LEGAT: Warum ließen Sie der Kirche keine Zeit? Warum mußten Sie so ungestüm vorgehen und soviel Lärm machen?

LUTHER: Solange ich leise sprach, hörte mir niemand zu.

DER LEGAT: Ahnten Sie nicht die Folgen?

LUTHER: Doch. Aber ich sah keine Möglichkeit, sie zu verhindern. Nicht ich habe die Kirche gespalten, Herr Legat. Es gibt nichts, was ich in meinem Leben weniger gewollt hätte.

DER LEGAT: Gewollt oder ungewollt, Herr Doktor, Sie haben die religiöse Einheit zerstört. Die Christenheit fällt auseinander.

LUTHER: Das tut sie seit geraumer Zeit. Denken Sie an die Ostkirche, an die Griechen und die Böhmen. Die Christenheit fällt auseinander, Herr Legat, weil man sie mit Macht allein nicht zusammenhalten kann. Die Christenheit könnte eine große Familie sein, denn Christen, die christlich leben, trennt nichts. Gegen die Einheit der Christen haben sich andere versündigt! Wie viele Kriege, Herr Legat, führte der Papst zu unseren Lebzeiten gegen den katholischen König von Frankreich? Ich habe sie nicht gezählt.

DER LEGAT: Der Haß, mit dem Sie den Heiligen Vater verfolgen, Herr Doktor, hat der Christenheit auch nicht gedient. Sie haben ihn maßlos beschimpft.

LUTHER: Das kann ich weit besser als er. Ich gebe es zu. *Pause.* Ich kümmere mich nicht mehr viel um ihn. Soll er in Rom befehlen, wem er will und was er will. Ob er uns droht oder sich nachsichtig zeigt, es kann uns ganz gleichgültig sein. Er hat uns gottlob nichts mehr zu sagen.

DER LEGAT: Und welchen Gebrauch haben die Deutschen von der neuen Freiheit gemacht, Herr Doktor? Wie konnten Sie nur glauben, daß ein Mensch, der die Freiheit hat, zu handeln, wie er will, so christlich und vernünftig handeln wird, wie Doktor Luther es von ihm erwartet?

Luther schweigt.

DER LEGAT: Sie konnten den Aufstand der Bauern nicht verhindern. Sie konnten die Rache der Fürsten nicht verhindern. Es sollen mehr als hunderttausend Bauern getötet worden sein. Ist das wahr, Herr Doktor Luther?

LUTHER *müde*: Es ging blutig zu.

DER LEGAT: Als wir in Rom hörten, daß man sich in Deutschland mit Bibelzitaten die Köpfe einschlägt, war niemand überrascht. Sie machten eine Erfahrung, die wir schon lange hinter uns haben, und Sie werden noch schlimmere Erfahrungen machen müssen, befürchte ich.

Luther schweigt.

DER LEGAT: Die protestantischen Fürsten und Städte haben sich verbündet. Die katholischen Fürsten und Städte haben sich verbündet. Jeder sagt: Um sich vor der Bedrohung des anderen zu schützen. Doch irgendwann wird aus der ständigen Reibung ein Funke springen, früher oder später wird es Krieg geben, Herr Doktor. Ich zweifle nicht daran. *Pause.* Zweifeln Sie?

LUTHER: Ich werde tun, was ich kann, um ihn zu verhindern.

DER LEGAT: Sie haben die Hoffnung, das das gelingen wird?

LUTHER: Wie Gott will. *Pause.*

DER LEGAT: Die deutschen Fürsten benützen die Religion als Vorwand, um ihre Machtinteressen durchzusetzen. Wissen Sie, daß der Kaiser nach Deutschland kommen wird?

LUTHER: Nein.

DER LEGAT: Er ist unterwegs mit spanischen Truppen. *Pause.* Ich muß mich verabschieden. *Er steht auf. Auch Luther erhebt sich.* Ich habe oft an unsere Begegnung in Augsburg gedacht. *Mit einem Lächeln:* Ich war nicht Ihrer Meinung, Herr Doktor, aber ich habe Sie bewundert. Wann trifft man schon einen Mann, der sich nicht einschüchtern läßt? Auf Wiedersehen, Herr Doktor!

LUTHER: Möchten Sie nicht meine Frau und meine Kinder kennenlernen?

DER LEGAT: Dazu habe ich leider keine Zeit mehr. Meine Begleiter warten. Wir wollen bis zum Abend in Torgau sein.

Er will gehen, irrt sich jedoch in der Tür.

LUTHER: Nein! Dort ist der Ausgang, Herr Legat! Diese Tür führt ins Refektorium.

DER LEGAT *verblüfft*: Wohin?

LUTHER: Sie sind im ehemaligen Augustinerkloster. Nachdem die Mönche ausgezogen waren, stand es leer. Nun wohne ich mit meiner Familie hier. *Er begleitet den Legaten zur Tür.* Gute Reise, Herr Legat!

Der Legat geht ab. Während Luther ihm nachblickt, preßt er die Hand auf die Hüfte.

KÄTHE *kommt*: Was wollte er?

LUTHER *müde*: Die Sehenswürdigkeit von Wittenberg besichtigen.

KÄTHE: Hast du ihm etwas angeboten? Oder hast du es vergessen?

LUTHER: Ich habe es nicht vergessen. Aber er hat abgelehnt.

KÄTHE *sarkastisch*: Von einer ehemaligen Nonne nimmt man nichts an. So würzig kann mein Bier nicht sein, daß es ihm geschmeckt hätte.

LUTHER: Vielleicht hatte er wirklich keinen Durst, Käthe. *Er nimmt die goldene Kette ab und gibt sie ihr.*

KÄTHE: Die Kinder wünschen sich zum Abendessen Bratäpfel. Magst du auch welche?

LUTHER *dumpf*: Er glaubt, daß es Krieg geben wird. Der Kaiser kommt mit spanischen Truppen.

KÄTHE *entsetzt*: Großer Gott!

LUTHER: Man wird sich abschlachten im Namen Jesu Christi ... Und alle werden sagen: Daran bin ich schuld, zuerst und vor allem ich, viel mehr als jeder andere. *Er wischt sich den Schweiß von der Stirn.* Mein Gott! Mein Gott! *Pause.* Man mag lehren, was man will: Die Welt geht ihren eigenen Weg. *Er wischt sich den Schweiß von der Stirn.* Ich hatte gehofft, daß der Glaube alle zu Brüdern macht, daß der Frieden der Herzen zu Frieden im Land führt. Ja, ich dachte, er sei greifbar nahe. Aber die Menschen taten nicht mit! Sie dachten nicht im Traum daran. Keiner kümmert sich ernstlich um den andern, jeder ist nur auf sich und das Seine bedacht, alles andere läßt ihn gleichgültig, niemand nimmt sich der Armen an. Ich habe die Macht des Wortes überschätzt. Ich habe mich getäuscht. Die Menschen haben sich nicht geändert. Sie wollen sich nicht ändern. Alle Hoffnung, daß das Evangelium, das sie nun in Händen haben, sie ändern würde, war umsonst.

KÄTHE *starrt ihn verstört an*: Nein!

LUTHER: Warum soll ich es nicht zugeben? Ich wollte Kindern, die kaum laufen können, das Fliegen lernen.

KÄTHE: Martin! Wie kannst du so etwas sagen?

LUTHER: Unter tausend, die sich Christen nennen, gibt es kaum einen, der diesen Namen wirklich verdient.

Käthe will widersprechen.

LUTHER: Schau dich um! Leere Herzen, verstockte Seelen, die sich vor Gottes Wort ängstlich ducken, doch jedem Rattenfänger nachlaufen.

KÄTHE: Nun bist du ungerecht!

LUTHER *heftig*: Gott ist grausam. Was er auf Erden zuläßt! Der Mensch neigt zum Bösen. Sein Wille ist flattrig und matt. Das Leben geht vorüber wie ein Fastnachtsumzug. Man möchte sich vor Verzweiflung den Hals durchschneiden.

KÄTHE: Martin! *Sie umarmt ihn.*

LUTHER *leise*: Ich habe mich stets streng bemüht, Gottes Willen zu gehorchen. Doch ich verstehe ihn immer weniger.

Pause. Von draußen sind Stimmen zu hören.

KÄTHE: Deine Mitarbeiter kommen. *Luther rührt sich nicht.* Soll ich sie wegschicken? Soll ich sagen, daß du andere Arbeit hast?

LUTHER: Nein.

Es wird an die Tür geklopft.

LUTHER: Herein!

Die drei Mitarbeiter Luthers treten ein. Luther begrüßt sie.

KÄTHE *zu Luther*: Ich muß jetzt gehen und Pachtgeld bezahlen. Wenn der Metzger kommt und fragt, wann er zum

Schlachten kommen soll, dann sag ihm: morgen früh um fünf. *Geht.*

Luther und seine Mitarbeiter setzen sich um den Tisch. Sie breiten Bücher und Schreibgerät aus.

LUTHER: Wo sind wir gestern stehengeblieben?

ERSTER MITARBEITER: Jesaja, 19. Kapitel, Vers 16.

LUTHER: Was haben wir uns für heute vorgenommen?

ERSTER MITARBEITER: Die Verse 17 bis 24.

LUTHER: Also dann . . . *Er schlägt die Bibel auf.* Fangen wir an!

Anhang

Zeittafel

1483 10. November: Geburt Martin Luthers als Sohn des Bergmanns Hans Luther und seiner Frau Margarethe, geb. Ziegler, in Eisleben (Thüringen).
1484 Übersiedlung der Familie Luther nach Mansfeld.
1488 Eintritt in die Lateinschule in Mansfeld.
1497 Besuch der Schule in Magdeburg.
1498 Übersiedlung nach Eisenach. Besuch der Pfarrschule.
1501 Beginn des Studiums an der Universität Erfurt.
1505 Promotion zum Magister artium. Danach beginnt Luther mit dem Studium der Rechte.
17. Juli: Eintritt in das Kloster der Augustiner-Eremiten.
1507 Priesterweihe am 3. April. Luther beginnt mit dem Studium der Theologie.
1508 Berufung durch den Generalvikar Staupitz nach Wittenberg. Luther übernimmt vertretungsweise einen Lehrstuhl für Moralphilosophie.
1510 Reise nach Rom.
1511 Staupitz übergibt Luther seinen theologischen Lehrstuhl in Wittenberg.
1512 Promotion zum Doktor der Theologie.
1517 Oktober/November: Luther protestiert gegen den Ablaßhandel.
1518 Oktober: Verhör Luthers durch Kardinal Cajetan in Augsburg.
1520 Juni: Bannbulle gegen Luther.
Dezember: Luther verbrennt öffentlich die Bannbulle und die päpstlichen Dekretalen.
1521 17. und 18. April: Luther vor dem Reichstag in Worms.
Wormser Edikt: Reichsacht gegen Luther und Verbot seiner Lehre. Luther auf der Wartburg. Er beginnt mit der Übersetzung des Neuen Testaments.
1522 Unruhen in Wittenberg. Luther verläßt die Wartburg.
1523 Weite Ausbreitung der Lehren Luthers. Im Juli werden in Brüssel die ersten Märtyrer der Reformation verbrannt.
1524 Beginn des Bauernaufruhrs in Süddeutschland.
1525 Bauernkrieg. Am 15. Mai Niederlage der Bauern bei Frankenhausen.

Am 13. Juni heiratet Luther die ehemalige Nonne Katharina von Bora.

1526 Bündnis zwischen Sachsen und Hessen zum Schutz der evangelischen Lehre.

1529 Luther trifft den Schweizer Reformator Zwingli zu einem Religionsgespräch in Marburg, bei dem keine Einigung in der Auffassung des Abendmahls erzielt wird.

1530 Während des Reichstags in Augsburg hält sich Luther auf der Veste Coburg auf.

25. Juni: Vor dem Reichstag wird Melanchthons Augsburger Konfession verlesen, das erste öffentliche Bekenntnis des Protestantismus.

1531 Gründung des Schmalkaldischen Bundes unter der Führung Kursachsens und Hessens.

1534 Erste Gesamtausgabe von Luthers Bibelübersetzung.

1546 Tod Luthers am 18. Februar in Eisleben. Beisetzung am 22. Februar in Wittenberg.

Beginn des Schmalkaldischen Krieges.

1547 Niederlage der Protestanten in der Schlacht bei Mühlberg am 24. April. Die kaiserliche Armee, vorwiegend spanische Truppen, besetzt Wittenberg. Kaiser Karl V. an Luthers Grab.

I.

Erfurt zählte zu Beginn des 16. Jahrhunderts »zu den drei oder vier größten deutschen Städten – die Angaben der Einwohnerzahlen sind alle ungenau – und stand damals kaum hinter Rom zurück, dessen Bevölkerung auch nur ungefähr bekannt ist und etwa 40 000 Menschen umfaßte ... Erfurt war die modernste der damaligen deutschen Hochschulen.« (R. Friedenthal, Luther, 1967)

Die Universität Erfurt wurde 1389 gegründet. Der Durchschnitt der Immatrikulationen in den Jahren 1511 bis 1520 betrug 147. Im allgemeinen gelangte nur ein Drittel der Immatrikulierten zum Bakkalaureat, von diesen wurde wieder nur ein Teil Magister.
Arbeitstag eines Studenten: »Der Arbeitstag begann sehr früh, gegen vier Uhr. Nach der Morgenandacht und der Vorbereitung auf den Unterricht fand um sechs, im Winter um sieben Uhr ein Exerzitium statt. Hier wurden die Scholaren in die Gegenstände der Vorlesungen eingeführt, vor allem die Logik. Denn der Unterricht in den ›freien Künsten‹ war vorwiegend formal, das heißt auf Grund der Aristotelischen Schriften auf die Urteilsbildung gerichtet. Gründe und Gegengründe mußten vorgebracht und verteidigt werden, Disputationen waren die praktische Anwendung dessen, was in den Vorlesungen gelernt wurde. Zwischen zehn und elf Uhr wurde die Mittagsmahlzeit eingenommen ... Von zwei bis fünf Uhr nachmittags waren wieder Vorlesungen und Übungen, dann folgten die zweite Mahlzeit und Wiederholungskurse oder auch eine freie Beschäftigung. Bei Einbruch der Dunkelheit durfte sich kein Student mehr auf der Straße befinden. Die Sprache, die man ausschließlich zu gebrauchen hatte, war die lateinische; deutsch zu sprechen war verboten.« (Giesecke, Das alte Erfurt, 1972)

Die Augustinereremiten kamen im Jahr 1266 nach Erfurt. Der Bau des Klosters und der Klosterkirche begann 1290; an der Kirche wurde bis 1350 gebaut.
Als Luther 1505 in das Kloster eintrat, zählte dieses über 50 Mitglieder.
Die Klosterkirche kam 1525 in evangelischen Besitz; das Kloster wurde um 1560 vom Rat der Stadt Erfurt säkularisiert. Im Westflügel richtete der Rat ein evangelisches Gymnasium ein; nach dessen Aus-

zug im Jahr 1822 erhielt das 1818 gegründete Martinsstift (Erziehungsanstalt für Jungen) die Räume. Den Ostteil des Klosters überließ der Rat 1670 dem evangelischen Waisenhaus. Am 25. Februar 1945 fielen Teile des ehemaligen Kloster einem Bombenangriff zum Opfer. Bei diesem Angriff fanden im Keller des Bibliotheksgebäudes 267 Menschen, meist Kinder, den Tod. Der Wiederaufbau ist noch im Gange.

*

Wittenberg hatte, als Luther 1508 erstmals in die Stadt kam, schätzungsweise 2000 Einwohner. Die Stadt lag an »der Grenze der Zivilisation« (Luther).
Die Universität Wittenberg wurde 1502 von dem Kurfürsten Friedrich III. gegründet. 1504 ließen sich die Augustiner in Wittenberg nieder. Der Kurfürst hatte dem Augustinerorden zwei Lehrstühle übertragen, denn er brauchte Gelehrte, die Bettelmönche waren, nicht zu besolden. Als Luther zum Wintersemester 1508 nach Wittenberg versetzt wurde, war der Klosterbau erst zum kleineren Teil vollendet.
1815 wurde die Universität Wittenberg mit der zu Halle vereinigt und dorthin verlegt.

Kurfürst Friedrich ließ ab 1489 an der Stelle der alten Wittenberger Burg ein Renaissanceschloß mit einer Schloßkirche bauen. Der Bau der Kirche, einer spätgotischen einschiffigen Hallenkirche mit Altarbildern von Albrecht Dürer und Lucas Cranach, Vater und Sohn, wurde 1511 beendet.
Im Siebenjährigen Krieg wurde Wittenberg von den Preußen besetzt, im Oktober 1760 aber durch die Österreicher und die Reichsarmee beschossen, zum Teil eingeäschert und zur Kapitulation gezwungen. Dabei wurde die Schloßkirche sehr schwer beschädigt. Sie konnte nur in schlichtester Form wiederhergestellt werden. Auch nach den Schäden im Befreiungskrieg – die von den Franzosen besetzte Stadt war von der preußischen Armee 1813 belagert worden – wurden nur die notwendigsten Reparaturen durchgeführt. Ein Neuausbau erfolgte erst in den Jahren 1883 bis 1892. Hierbei wurde der ganze Innenraum umgestaltet.

Die Kirchentür, an die Luther 1517 seine Thesen angeschlagen haben soll, ist 1760 verbrannt. Seit 1858 gibt es an ihrer Stelle eine in Bron-

ze gegossene Tür mit dem lateinischen Text der 95 Thesen. Unter der Kanzel befindet sich die Grabstätte Luthers. Auf einer Bronzeplatte steht in lateinischer Sprache: »Hier ist begraben der Leib des Doktors der heiligen Theologie Martin Luther, der im Jahre Christi 1546 am 18. Februar in seiner Heimatstadt Eisleben starb.« Die in Erfurt gegossene bronzene Grabplatte Luthers, die Luther mit der Bibel und seinem Wappen, der Lutherrose, zeigt, wurde 1551 in der Pfarrkirche St. Michael in Jena aufgestellt. Ein Abguß ist in der Nähe von Luthers Grab an der Südwand der Schloßkirche angebracht.
Im Dezember 1524 erbat sich Luther vom Kurfürsten den in den ersten Jahren des Jahrhunderts errichteten Konventbau des Augustinerklosters als Eigentum und bewohnte ihn mit seiner Familie bis zu seinem Tod. (Friedrich III., der Weise, Kurfürst von Sachsen, hat Luther nie persönlich empfangen. Dazu Luther: »Ich habe mein Leben

Lutherhaus in Wittenberg
Erbaut 1502, 1524 wurde es Wohnhaus des Reformators

lang mit demselben Fürsten nie kein Wort geredet noch hören reden, dazu auch sein Angesicht nie gesehen, denn einmal zu Worms vor dem Kaiser, da ich zum andernmal verhöret ward.«)
1564 kam das ehemalige Klostergebäude in den Besitz der Universität; es wurde umgebaut und war fortan Teil der Universität.
Erst 300 Jahre nach Luthers Tod, im Jahr 1844, wurde in den Räumen ein reformationsgeschichtliches Museum eingerichtet. Das Museum im nahen Melanchthonhaus besteht seit 1845.

II.

Karl V. wurde am 24. Februar 1500 als ältester Sohn Philipps, des Erzherzogs von Österreich, und Johannas, der Erbtochter des Königs Ferdinand von Aragonien und seiner Gemahlin Isabella von Kastilien, in Gent geboren. Nach dem Tod seines Vaters, 1506, wurde er Herr der Niederlande. 1515 wurde er für großjährig erklärt und ein Jahr darauf König von Spanien. Am 28. Juni 1519 wurde er von den deutschen Kurfürsten in Frankfurt am Main zum Kaiser gewählt. Die Krönung fand am 22. Oktober 1520 in Aachen statt. Er sprach kein Wort Deutsch.
Als sich der Kaiser und Luther auf dem Reichstag in Worms im April 1521 gegenüberstanden, war Luther 37, der Kaiser 21 Jahre alt.

*

Leo X., Giovanni de' Medici, ein Sohn Lorenzos des Prächtigen, wurde am 11. Dezember 1475 in Florenz geboren. Er erhielt in seinem siebten Jahr die Tonsur, wurde als Dreizehnjähriger zum Kardinal ernannt und trat mit siebzehn als Mitglied in das heilige Kollegium ein. 1506 war er päpstlicher Statthalter in Perugia, 1511 stand er an der Spitze des Heeres der Heiligen Liga gegen Frankreich. Am 14. März 1513 bestieg er im Alter von 37 Jahren den päpstlichen Thron. Nach dem Bericht des venezianischen Gesandten soll er nach seiner Wahl zu seinem Bruder Giuliano Medici gesagt haben: »Lasset uns das Papsttum genießen, da Gott es uns verliehen hat!«
Urteile über ihn: »Für alle Zeiten berühmt machte er sich durch Beförderung der Künste und durch Schöpfung der glänzendsten Bauwerke. Sein Zeitalter, das Leonische, ist die Blütezeit der italienischen Künste und Wissenschaften.« – »Er war ein ausgezeichneter Staatsmann, fein gebildet, wenn auch üppig und prachtliebend; für wahre Religion ging ihm freilich jedes Verständnis ab.«

*

Cajetan, mit dem Klosternamen Thomas de Vio von Gaeta, wurde 1469 geboren. Er trat dem Dominikanerorden bei, erwarb das Doktorat der Theologie und lehrte an den Universitäten Brescia und Padua. 1508 wurde er General der Dominikaner, 1517 Kardinal.

Luther selbst hat später die ehrlichen wissenschaftlichen Bestrebungen Cajetans in der Auslegung der Bibel anerkannt, und auch zur Zeit des Augsburger Verhörs wußte er dessen Person von dem ihm gegebenen Auftrag zu trennen. Er bemerkt in der »Acta«, daß Cajetan als Vertreter des höchsten Richters bestrebt sein mußte, dem Standpunkt der Kurie nichts zu vergeben, und am 31. Oktober berichtete er an Spalatin, der Kardinal habe ihm als »Persönlichkeit außerordentlich gut gefallen«. Auch dem Kurfürsten bezeugt er, daß Cajetan ihm, abgesehen von dem ihm obliegenden Verlangen des Widerrufs, mit der größten Güte begegnet sei.
Kardinal Cajetan, der 1519 das Bistum Gaeta erhielt, starb 1534 in Rom.

*

Albrecht von Brandenburg, der zweite Sohn des Kurfürsten Johann Cicero von Brandenburg, wurde am 28. Juni 1490 geboren. Er studierte in Frankfurt an der Oder, trat in den geistlichen Stand, wurde 1513 Erzbischof von Magdeburg und Administrator des Bistums Halberstadt. 1514 wurde er auch noch Erzbischof und Kurfürst von Mainz. »Eine Häufung von hohen Kirchenämtern war nach kanonischem Recht verboten ... Für die dritte und höchste Ernennung erwartete der Papst, um seine kanonischen Bedenken zu beschwichtigen, außer den ohnehin ihm zustehenden Geldern eine hohe Kompensation bei Wahlbestätigung. In Mainz, wo kurz hintereinander drei Erzbischöfe gestorben waren, weigerte man sich, diese neuen Kosten aufzubringen. Das Haus Fugger trat in die Bresche und streckte die Beträge vor. Umsichtig sorgte Jakob der Reiche für baldige Amortisierung der Schuld. Er veranlaßte die Ausschreibung des Ablasses, der formell zum Bau der Peterskirche dienen sollte und Mainz übertragen wurde; seine Beamten überwachten die Durchführung und hatten Tetzel zu kontrollieren; sie rechneten mit Albrecht und mit Rom ab. Die Zahlen sind in den Büchern der Fugger alle genau verzeichnet.« (R. Friedenthal, Luther, 1967)

Der Erzbischof, seit 1518 Kardinal, war ein Freund der Wissenschaften und Förderer der Künste; die Stiftskirche in Halle und den Dom in Mainz schmückte er mit Kunstwerken. Matthias Grünewald war sein Hofmaler; er korrespondierte mit Albrecht Dürer und Lucas Cranach.

Der Landgraf Philipp von Hessen, der später den Beinamen »der Großmütige« erhielt, wurde 1504 geboren. Er trat 1518 die Regierung an und vermählte sich 1523 mit einer Tochter Georgs von Sachsen. Er war einer der eifrigsten Anhänger der kirchlichen Reformbewegung: 1526 führte er die Reformation in Hessen ein, 1527 gründete er in Marburg die erste evangelische Universität. Philipp war einer der Begründer und später der Anführer des Schmalkaldischen Bundes (1531).
Mit Genehmigung seiner Gemahlin und Zustimmung Luthers heiratete er 1540 noch Margarethe von der Saal (die »linke Landgräfin« genannt), die ihm sechs Söhne und eine Tochter gebar.
1547 kam der Landgraf in die Reichsacht. Nach dem Sieg des Kaisers in der Schlacht bei Mühlberg unterwarf er sich Karl V., der ihn verhaften ließ. Philipp blieb bis 1552 in Gefangenschaft. Er starb 1567.

*

Johann von Staupitz wurde vermutlich 1468 oder 1469 in Motterwitz bei Meißen geboren. Er trat 1490 dem Augustinerorden bei, studierte in Tübingen und war später Prior im dortigen Kloster. Ab 1503 amtierte Staupitz als Generalvikar der sächsischen Kongregation des Augustinerordens.
1520 gab er sein Amt auf, trat zum Benediktinerorden über und wurde 1522 Abt von Sankt Peter in Salzburg, wo er 1524 starb.

*

Thomas Müntzer wurde um 1490 in Stolberg im Harz geboren. Nach Studien an den Universitäten Leipzig und Frankfurt an der Oder wurde er 1512 Priester der Diözese Halberstadt, später Propst bei Aschersleben. 1520 erhielt er auf Empfehlung Luthers eine Pfarrstelle in Zwickau. Als er sich den »Zwickauer Propheten« anschloß, wurde er vom Magistrat abgesetzt. Müntzer ging daraufhin nach Böhmen, wo er das »Prager Manifest« veröffentlichte. 1523 und 1524 war er Pfarrer in Allstedt, 1525 Pfarrer in Mühlhausen, wo er die Bauern in Thüringen aufrief, sich dem Bauernaufstand anzuschließen. Nach der Schlacht von Frankenhausen geriet er in die Gefangenschaft der Fürsten. Nach schweren Folterungen wurde er in der Nähe von Mühlhausen hingerichtet.
»Wie Münzer der Politik als Ziel verordnet hatte, unbedrückt die Schrift lesen zu lassen, seines inneren Leids, seiner Bereitung wahr-

Schloßkirche in Wittenberg mit der Turmkuppel, Ende 19. Jh.

zunehmen, so schafft er damit allerletzt auch noch der Religion ihr Wozu, den Sinn ihrer Raumbereitung, das apokalyptische Maß ihrer Wahrheit. Deren Inhalt war bei den Hussiten wie bei Münzer das ›Reich Gottes auf Erden‹.« (Ernst Bloch, Thomas Münzer. 1960)

III.

Aus Martin Luthers Tischreden

Lasset uns die Bibel nur nicht verlieren, sondern sie lesen und predigen: denn wenn die Theologie blüht, so steht alles wohl und geht glücklich vonstatten. Denn sie ist das Haupt aller Fakultäten und Künste: wenn sie daniederliegt, so gebe ich alles andere auf.

*

Die höchste Kunst eines künftigen Theologen ist, daß er sehr sorgfältig zwischen der Klugheit der Vernunft und des Wortes, d. h. der Weisheit Gottes unterscheide. Denn die das vermengen, vermischen den Himmel mit der Erde.

*

Die Philosophie ist gewissermaßen der Heiden und Vernunft Theologie; rechtschaffene, wahrhaftige Historien, auch bei den Heiden, zeigen Gottes Willen an wie stumme Buchstaben.

*

Der Galaterbrief ist mein Lieblingsbrief, dem ich mich ganz anvertraut habe. Er ist meine Käthe von Bora.

*

Der Glaube ist nicht eine Beschaffenheit am Geiste, das heißt ein Gedanke; denn wie groß dieser auch immer sein mag, gilt er doch nichts an sich selbst. Sondern das ist der Glaube, der Christus in sich begreift und Christus ergreift. Außer Paulus gibt es diese Theologie nicht.

*

Die Schwachen im Glauben gehören auch in Christi Reich, sonst würde Christus nicht zu Petrus gesagt haben: »Stärke deine Brüder«, Luk. 22,32; ebenso Röm. 14,1: »Den Schwachen im Glauben nehmet auf.« Wenn schwacher Glaube nicht Glaube wäre, dann hätten die Apostel nicht Apostel sein können.

*

Die menschliche Vernunft lehrt nur die Hände und die Füße, Gott aber das Herz.

*

Die wahre Weisheit besteht darin, sich selbst und Gott zu erkennen. Und zwar so, daß wir elende und verderbte Sünder sind, Gott aber barmherzig. Er will uns nicht verwerfen, sondern um Christi willen aus Gnade erretten.

*

Wenn wir einmal aufhören werden zu lügen, betrügen, stehlen, morden, rauben, ehebrechen, alsdann werden wir so fromm werden, das ist: wenn man uns mit Schaufeln in die Erde verscharret. Denn Paulus sagt: »Wer gestorben ist, der ist gerechtfertigt von der Sünde«, Röm. 6,7.

*

Mit dem Tode umzugehen, ist die Schule des Glaubens.

*

So wenig wie die Kinder im Mutterleibe von ihrer Ankunft wissen, so wenig wissen wir vom ewigen Leben.

*

Luther spielte einmal mit seinem Töchterlein Magdalene und fragte sie: Lenchen, was wird dir der heilige Christ bescheren? Danach sagte er: Die Kinderlein haben so feine Gedanken von Gott, daß er im Himmel und ihr Gott und Vater sei. Und als er sein Söhnchen Martin in den Armen hielt, fügte er hinzu: Ich wollte, daß ich in dieses Kindleins Alter gestorben wäre. Ich wollte alle Ehre und Gut darum geben, das ich habe und in der Welt noch bekommen mag.

Ich (Mathesius) sagte: Herr Doktor, die Leute nehmen Anstoß an den schlechten Sitten der Prediger. – Da sagte Luther: Was verstehen die davon? Sie wollen eine Ausrede haben. Wir haben hier gute und ehrenhafte Männer, und was hilft's viel? Führt der Pfarrer ein anstößiges Dasein, dann beschweren sich die Bauern, lebt er untadelig, dann sagen sie: wer kann so fromm sein wie unser Pfarrer? Ich muß meiner Arbeit nachgehen.

*

Ich habe, sprach D. M. Luther, keine bessere Arznei als den Zorn. Denn wenn ich gut schreiben, beten und predigen will, dann muß ich zornig sein; da erfrischt sich mein ganz Geblüt, mein Verstand wird geschärft, und alle Anfechtungen weichen.

*

Über das Religionsgespräch zu Worms 1540: Wenn der Papst seine Krone absetzt und von seinem Thron heruntersteigt und auf den Primatsanspruch verzichtet und bekennt, daß er geirrt und die Kirche verdorben und unschuldiges Blut vergossen habe, dann wollen wir ihn in der Kirche aufnehmen. Anders muß er für uns immer der Antichrist bleiben.

*

Es ist keine verachtetere Nation als die Deutschen. Die Italiener nennen uns Bestien; Frankreich und England spotten unsrer und alle anderen Länder. Wer weiß, was Gott will und aus den Deutschen machen wird; obwohl wir eine gute Staupe vor Gott wohl verdient haben.

*

Die höchste Knechtschaft und die höchste Freiheit sind beide etwas sehr Schlechtes.

*

Die Gemeinschaft der Güter ist nicht dem Naturrecht gemäß. Sie ist nicht etwas Gebotenes, sondern etwas Zugelassenes. Wenn sie gleich ein Gebot wäre, so könnte sie doch wegen der Verderbtheit der Natur nicht beibehalten werden, weil mehr da wären, welche die

Thesentür an der Schloßkirche in Wittenberg
1858 anstelle der 1760 verbrannten originalen Holztür neu angelegt

Güter verzehrten, als die sie herbeischafften, und so würde ein Durcheinander entstehen.

*

Ein jeder soll in der Ehe sein Amt ausrichten. Der Mann soll erwerben, das Weib aber soll ersparen. Darum kann das Weib den Mann wohl reich machen, und nicht der Mann das Weib: denn der ersparte Pfennig ist besser als der erworbene. So ist sparsam sein das beste Einkommen.

*

Wer das Bierbrauen erfunden hat, der ist ein Unheil für Deutschland gewesen.

IV.

Egon Friedell:

Es gibt vielleicht keine zweite Persönlichkeit in der Weltgeschichte, über die so widerstreitende Ansichten geherrscht haben und noch herrschen wie über den Gegenpapst von Wittenberg. Katholiken haben ihn begeistert gepriesen und Protestanten haben ihn leidenschaftlich verabscheut, Atheisten haben ihn für einen geistigen Erretter und fromme Männer haben ihn für einen Religionsverderber erklärt. Den einen gilt er als der »deutsche Catilina«, den andern als der »größte Wohltäter der Menschheit«; Goethe sieht in ihm »ein Genie sehr bedeutender Art«, Nietzsche einen »auf den Raum seiner Nagelschuhe beschränkten Bauer«; Schiller nennt ihn einen Kämpfer für die Freiheit der Vernunft, Friedrich der Große einen »wütenden Mönch und barbarischen Schriftsteller«; man hat zu beweisen versucht, daß er ein Fresser, Säufer, Lügner, Fälscher, Schänder, Luetiker, Paranoiker, Selbstmörder gewesen sei, und deutsche Künstler haben ihn mit einem Strahlenkranz ums Haupt gemalt.

Kulturgeschichte der Neuzeit, 1927

Ernst Jünger:

Il Gesù, die Hauptkirche der Jesuiten in Rom . . . Der Boden ist geöffnet wie zu einer Gruft. Unten fahren Gruppen von Ketzern, um die sich Schlangen ringeln, zur Hölle; der Fürst der Finsternis tritt auf ein Buch, auf dem »Martin Luther« steht. Ich entsann mich unserer Erziehung in den hannöverschen Schulen, die durchaus in dem Sinn geleitet wurden, den mein Compère Carl Schmitt in einem seiner Bücher als den »antirömischen Affekt« bezeichnet hat. Die Jesuiten kamen da noch hinter dem Leibhaftigen. Man bleibt einander nichts schuldig auf dieser Ebene. *Siebzig verweht I, 1980*

Prof. Dr. Erwin Iserloh:

Das katholische Lutherbild ist durch alle Jahrhunderte hindurch bis an die Schwelle unserer Zeit ziemlich konstant geblieben. Es stand »im Bann der Lutherkommentare des Cochlaeus«, wie der Paderborner Kirchenhistoriker Adolf Herte in einem dreibändigen Werk nachgewiesen hat . . . Nach diesem Kampfbild war Luther für die Katholiken 400 Jahre hindurch ausschließlich der Häretiker, der durch seine Irrlehren unzählige Seelen ins Verderben gestürzt hat, der Zerstörer der Einheit der Kirche, der Demagoge, der vom Bauernkrieg angefangen Elend und Not über Deutschland und die Christenheit gebracht hat ...

In dem zweibändigen Werk »Die Reformation in Deutschland« (1939) hat Joseph Lortz ein Bild von Luther und der Reformation entworfen, das von Katholiken und Protestanten als eine Wende empfunden wurde ... Die Situation der Kirche stellt sich für Lortz am Vorabend der Reformation in vielfachen Mißständen, in weitgehender theologischer Unklarheit und in religiöser Unkraft dar, so daß nach so vielen verpaßten Gelegenheiten zur Reform die Reformation im Sinne der kirchlichen Revolution historisch unvermeidlich geworden war. Damit besteht eine erhebliche katholische Mitschuld an der aus der Reformation hervorgegangenen Spaltung der Kirche. Martin Luther ist nach ernstem Ringen vor Gott unabsichtlich aus der römischen Kirche herausgewachsen, um seines Glaubens willen hat er sich zu seiner reformatorischen Lehre und zum reformatorischen Handeln genötigt gefühlt. *Luther und die Reformation, 1974*

Abba Eban:

Auf dem Höhepunkt seines Kampfes mit dem Katholizismus befürwortete Luther eine tolerante Behandlung der Juden. Er hielt der Christenheit vor Augen, Gott habe keinem anderen Volk solche Gunst bezeigt wie den Juden, denen er sein Heiliges Wort anvertraute. Und als dann 1523 Luthers Flugschrift *Daß Jhesus Christus ein geborener Jude sey* herauskam, hatte es kurze Zeit den Anschein, als könnte die Reformation wirklich die Rückkehr zum Christentum als Religion der Liebe herbeiführen. Doch wie vor ihm schon Mohammed handelte Luther lediglich aus der Hoffnung heraus, die Juden zum neuen Glauben bekehren zu können. Sobald sich erwies, daß sie der Religion ihrer Väter nicht abschwören wollten und seine Missionsversuche wie schon die seines muslimischen Vorgängers in den Wind schlugen, griff Luther das halsstarrige Volk mit all der dem Augustiner zur Verfügung stehenden fanatischen Heftigkeit an. In seinen späteren Schmähschriften gegen die Juden wiederholte er dann Wort für Wort in deftiger Sprache alle bereits von der katholischen Kirche erhobenen Beschuldigungen, vom Ritualmord bis zur Brunnenvergiftung. Der christlichen Welt brachte die Reformation schließlich ein gewisses Maß an Freiheit, den Juden nicht.

My People, the Story of the Jews, 1968

V.

Johann Wolfgang von Goethe:

Wir wissen gar nicht, was wir Luthern und der Reformation im allgemeinen alles zu danken haben. Wir sind frei geworden von den Fesseln geistiger Borniertheit, wir sind infolge unserer fortwachsenden Kultur fähig geworden, zur Quelle zurückzukehren und das Christentum in seiner Reinheit zu fassen ... Je tüchtiger aber wir Protestanten in edler Entwicklung voranschreiten, desto schneller werden die Katholiken folgen. Sobald sie sich von der immer weiter um sich greifenden großen Aufklärung der Zeit ergriffen fühlen, müssen sie nach, sie mögen sich stellen wie sie wollen, und es wird dahin kommen, daß endlich alles nur eins ist ... Auch werden wir alle nach und nach aus einem Christentum des Wortes und Glaubens immer mehr zu einem Christentum der Gesinnung und Tat kommen.

Eckermann: Gespräche mit Goethe, 1838–1841

Heinrich Heine:

Ruhm dem Luther! Ewiger Ruhm dem teuren Manne, dem wir die Rettung unserer edelsten Güter verdanken, und von dessen Wohltaten wir noch heute leben! Es ziemt uns wenig, über die Beschränktheit seiner Ansichten zu klagen. Der Zwerg, der auf den Schultern des Riesen steht, kann freilich weiter schauen als dieser selbst, besonders wenn er eine Brille aufsetzt; aber zu der erhöhten Anschauung fehlt das hohe Gefühl, das Riesenherz, das wir uns nicht aneignen können. Es ziemt uns noch weniger, über seine Fehler ein herbes Urteil zu fällen; diese Fehler haben uns mehr genutzt als die Tugenden von tausend andern. Die Feinheit des Erasmus und die Milde des Melanchthon hätten uns nimmer so weit gebracht wie manchmal die göttliche Brutalität des Bruder Martin ... Von dem Reichstage an, wo Luther die Autorität des Papstes leugnet und öffentlich erklärt, »daß man seine Lehre durch die Aussprüche der Bibel selbst oder durch vernünftige Gründe widerlegen müsse«, da beginnt ein neues Zeitalter in Deutschland.

Zur Geschichte der Religion und Philosophie in Deutschland, 1834

Friedrich Engels:

Der Blitz schlug ein, den Luther geschleudert hatte. Das ganze deutsche Volk geriet in Bewegung. Auf der einen Seite sahen Bauern und

Plebejer in seinen Aufrufen wider die Pfaffen, in seiner Predigt von der christlichen Freiheit das Signal zur Erhebung; auf der andern schlossen sich die gemäßigteren Bürger und ein großer Teil des niederen Adels ihm an, wurden selbst Fürsten vom Strom mit fortgerissen. Die einen glaubten den Tag gekommen, wo sie mit allen ihren Unterdrückern Abrechnung halten könnten, die andern wollten nur die Macht der Pfaffen, die Abhängigkeit von Rom, die katholische Hierarchie brechen und sich aus der Konfiskation des Kirchengutes bereichern. Die Parteien sonderten sich und fanden ihre Repräsentanten. Luther mußte zwischen ihnen wählen. Er, der Schützling des Kurfürsten von Sachsen, der angesehene Professor von Wittenberg, der über Nacht mächtig und berühmt gewordene, mit einem Zirkel von abhängigen Kreaturen und Schmeichlern umgebene große Mann zauderte keinen Augenblick. Er ließ die populären Elemente der Bewegung fallen und schloß sich der bürgerlichen, adligen und fürstlichen Seite an ... Luther hatte der plebejischen Bewegung ein mächtiges Werkzeug in die Hand gegeben durch die Übersetzung der Bibel. In der Bibel hatte er dem feudalisierten Christentum der Zeit das bescheidene Christentum der ersten Jahrhunderte, der zerfallenden feudalen Gesellschaft das Abbild einer Gesellschaft entgegengehalten, die nichts von der weitschichtigen kunstmäßigen Feudalhierarchie wußte. Die Bauern hatten dies Werkzeug gegen Fürsten, Adel, Pfaffen, nach allen Seiten hin benutzt. Jetzt kehrte Luther es gegen sie und stellte aus der Bibel einen wahren Dithyrambus auf die von Gott eingesetzte Obrigkeit zusammen, wie ihn kein Tellerlecker der absoluten Monarchie je zustande gebracht hat.

Der deutsche Bauernkrieg, 1850

Thomas Mann:

Martin Luther, eine riesenhafte Inkarnation deutschen Wesens, war außerordentlich musikalisch. Ich liebe ihn nicht, das gestehe ich offen. Das Deutsche in Reinkultur, das Separatistisch-Antirömische, Anti-Europäische befremdet und ängstigt mich, auch wenn es als evangelische Freiheit und geistliche Emanzipation erscheint, und das spezifisch Lutherische, das Cholerisch-Grobianische, das Schimpfen, Speien und Wüten, das fürchterlich Robuste, verbunden mit zarter Gemütstiefe und dem massivsten Aberglauben an Dämonen, Incubi und Kielkröpfe, erregt meine instinktive Abneigung. Ich hätte nicht Luthers Tischgast sein mögen, ich hätte mich wahrscheinlich bei ihm wie im trauten Heim eines Ogers gefühlt und bin überzeugt, daß ich mit Leo X., Giovanni de' Medici, dem freundlichen Humani-

Schloßkirche in Wittenberg
Luthers Grabmal und sein Epitaph (Abguß) (Original in der Stadtkirche zu Jena)

sten, den Luther »des Teufels Sau, der Babst« nannte, viel besser ausgekommen wäre. *Deutschland und die Deutschen, 1945*

Golo Mann:
In Deutschland hat der Konfessionsstreit des 16. Jahrhunderts die Nation glatt in zwei Hälften gespalten. Das ist so sonst nirgends gewesen; und man kann nur sagen, daß es in Deutschland so gekommen ist, obgleich es anscheinend auch ganz anders hätte kommen können. Der Protestantismus war ursprünglich eine deutsche Sache. Hier entstand er; hier – man muß dies mißbrauchte Wort gebrauchen, wir haben kein anderes – wurde er in wenigen Jahren zur Volksbewegung. Hier wurde er inkarniert von einer Persönlichkeit, die, wenn nicht mit ihrer Geistesschärfe – da war Calvin Luther überlegen –, so doch in ihrer Popularität, mit der ausstrahlenden Kraft und Tiefe der Seele unter allen geistlichen Vollbringern der Zeit un-

vergleichlich dasteht. Der Dichter und Sprachschöpfer, der Mystiker, der hinreißende Prediger, der instinktsichere, schlaue Politiker und Demagoge Martin Luther – warum konnte er der Nation nicht neue geistliche und weltliche Einheit geben, warum scheiterte er an dem, was ein paar kluge englische Herrscher ohne sonderliche Fährnisse bewältigten? Die Dinge, mit denen der große Mann sich zu befassen hatte, waren zu heillos verwickelt; er konnte sie nicht entwirren. *Deutsche Geschichte des XIX. Jahrhunderts, 1959*

Der Fernsehfilm »Martin Luther« wurde vom 6. September bis zum 12. November 1982 in der Lorenzkirche in Nürnberg gedreht.

Darsteller

Martin Luther	Lambert Hamel
Student in Erfurt	Jochen Kuhl
Vater Luther	Herbert Staß
Staupitz	Heini Göbel
Prior	Rolf Illig
Johann Tetzel	Michael Habeck
Erste Frau in Wittenberg	Edith Volkmann
Zweite Frau in Wittenberg	Monika Weiss
Dritte Frau in Wittenberg	Astrid Kube
Vierte Frau in Wittenberg	Marion Schweizer
Dr. Karlstadt	Horst Sachtleben
Student in Wittenberg	Martin Herrmann
Erzbischof Albrecht von Mainz	Mathias Einert
Domherr in Mainz	Hannes Seebauer
Bruder Gabriel	Jonas Vischer
Kardinal Cajetan	Ernst Fritz Fürbringer
Sein Sekretär	Wolf Dietrich Berg
Grunenberg	Alfons Scharf
Papst Leo X.	Dieter Pfaff
Kardinal	Lebrecht Honig
Ein Jagdaufseher	Josef Hiebeler
Von der Ecken	Gerd Burkhard
Kaiser Karl V.	Jörg Pleva
Magd auf der Wartburg	Cornelia Köndgen
Vier Sängerknaben	Vier Knaben des Windsbacher Knabenchors
Der Rektor	Hermann Hom
Die Äbtissin	Tilly Breidenbach
Landgraf von Hessen	Klaus Grünberg
Sein Syndikus	Christian Dorn
Thomas Müntzer	Karl Obermayr

Herzog von Braunschweig	Peter Musäus
Graf Mansfeld d. Ä.	Alexander Allerson
Graf Mansfeld d. J.	Axel Beyer
Dienerin Anna	Nicole Kokot
Ein Bauer	Volker Prechtel
Erster Mitarbeiter	Klaus Weiss
Zweiter Mitarbeiter	Erich Rathfelder
Die alte Frau	Maria Singer
Die hagere Frau	Heide Ackermann
Die kleine Frau	Enzi Fuchs
Ein Mädchen	Thekla Mayhoff
Käthe Luther	Britta Fischer
Beichtvater des Kaisers	Rudolf Schündler
Eine Kellnerin	Ingrid Schöderle

Stab

Regie	Rainer Wolffhardt
Regie-Assistenz	Bettina Förg
Kamera	Rolf Romberg
Schnitt	Moune Barius
Musik	Bert Breit
Maske	Karin Glaser
	Reinhard Hoppe
	Gerhard Reitlinger
Kostüme	Gloria von Stokar-Prechtl
Szenenbild	Karl Wägele
Requisite	Christian Klein
	Jens Gehre
Produktionsleitung	Arno Ortmair
Produzent	Eikon München

1925	Geboren in Schwarzenbach/Saale am 18. Juni
1936–1943	Oberschule in Hof und Starnberg
1943–1945	Militär
1945–1948	Kriegsgefangenschaft
1949–1951	Berufsausbildung als Industriekaufmann
1951–1960	In einem oberfränkischen Industriebetrieb
1957	Gerhart-Hauptmann-Preis für das Theaterstück »Der Kürassier Sebastian und sein Sohn«
1958	»Der Kürassier und sein Sohn« wird am Schloßparktheater Berlin uraufgeführt
1960–1963	Dramaturg und Hausautor bei der Bavaria-Atelier-Gesellschaft in München-Geiselgasteig
1961	Erste Fernsehspiele, u.a. sechs Spiele nach Erzählungen von Anton Tschechow
1963	»Karl Sand« (Fernsehspiel)
1964	Übersetzung »George Dandin« vom Molière und »Le faiseur« von Balzac
1965	Uraufführung des Theaterstücks »Wo liegt Jena?«
1966	»Drachensaat« (Hörspiel)
1968	Uraufführung des Theaterstücks »Der Wohltäter«
1970	Übersetzung »Der Geizige« von Molière; Übersetzung und Bearbeitung »König Heinrich IV.« von Shakespeare
1971	»Einfach sterben . . .« (Fernsehspiel)
1974	»Neugierig wie ein Kind«, »Im Schatten« und »Fusion« (Fernsehspiele)
1976	Uraufführung der Komödie nach Dumas »Die drei Musketiere«, »Der Opportunist« (Fernsehspiel)
1977	DAG-Fernsehpreis in Gold für »Der Opportunist«
1978	Uraufführung des Theaterstücks »Karneval«
1979	»Die Münze« und »Alles umsonst« (Fernsehspiele)
1981	»Die Grenze« (Fernsehspiel)
1982	DAG-Fernsehpreis in Gold für »Die Grenze« »Kellerjahre« (erster Roman, erschienen im Droemer Knaur Verlag, München)
1983	»Martin Luther« und »Die Matrosen von Kronstadt« (Fernsehspiele)

Von Theodor Schübel ist außerdem
als Knaur-Taschenbuch erschienen:

»Die Matrosen von Kronstadt« (Band 2451)

Originalausgabe

Bühnenrechte beim Verlag Felix Bloch Erben,
Hardenbergstraße 6, 1000 Berlin 12
Umschlagfoto und Fotos im Innenteil
Kövesdi Presse Agentur, München
Satz Appl, Wemding
Druck und Bindung Ebner Ulm
Printed in Germany · 1 · 12 · 483
ISBN 3-426-02454-3

1. Auflage